U0863183

职场古今话乾坤

林 峰◎著

山东友谊出版社·济南

图书在版编目（CIP）数据

职场古今话乾坤 / 林峰著 . —济南：山东友谊出版社，2018.10（2022.7 重印）

ISBN 978-7-5516-1746-8

Ⅰ . ①职… Ⅱ . ①林… Ⅲ . ①职业选择—通俗读物Ⅳ . ① C913.2–49

中国版本图书馆 CIP 数据核字 (2018) 第 249478 号

职场古今话乾坤

ZHICHANG GUJIN HUA QIANKUN

责任编辑：张亚欣　王　苑

装帧设计：刘洪强

主管单位：山东出版传媒股份有限公司

出版发行：山东友谊出版社

地址：济南市英雄山路 189 号　邮政编码：250002

电话：出版管理部（0531）82098756

发行综合部（0531）82705187

网址：www.sdyouyi.com.cn

印　　刷：济南乾丰云印刷科技有限公司

开本： 710 mm×1 000 mm　1/16

印张： 13　**字数：** 150 千字

版次： 2019 年 1 月第 1 版　**印次：** 2022 年 7 月第 3 次印刷

定价： 45.00 元

李广难封和卫青一门五侯背后的职场逻辑

职场，对奋斗者而言，可谓一个波谲云诡的战场，在这个战场中，既有成功者的无上荣光，又有失意者的落寞悲伤，由古及今，延绵不绝。这中间何为胜数，何为败象，人们莫衷一是。笔者试图从一些古往今来、鲜活生动的历史旧事与现实案例中，梳理出制胜的线索，为职场拼搏者提供一些可资借鉴的经验，帮助大家在这场奋斗中找准方向，踩准节奏，抵达既定的成功彼岸。

为此，笔者首先找到了两个历史人物作为主要参照者，即李广与卫青。他们皆是西汉历史上的风云人物，一度还同朝共事，但两人的职场发展状况却大相径庭。

我们先看李广，古往今来无数的文人墨客都曾经热情地讴歌过这个人。比如卢纶的《塞下曲》："林暗草惊风，将军夜引弓。平明寻白羽，没在石棱中。"又比如王昌龄的《出塞》："秦时明月汉时关，万里长征人未还。但使龙城飞将在，不教胡马度阴山。"其余像司马迁、王维、杜甫等等，都曾用不同的笔触描绘过这个人。为什么这么多的大文豪都如此关注这个人呢？我们不妨先来看看李广的基本情况。

第一：他出身于将门世家。他的先祖李信就是秦国将军。据史料记载，秦王政二十年，燕国太子丹派遣义士荆轲刺杀秦王失败，秦王随即派大将王翦、辛胜攻打燕国，大破燕军。燕王和太子丹败走辽东，李信领兵千余，乘胜追击至衍水（在今辽宁省东南部），杀太子丹，立下赫赫战功。所以，按现在的话来说，李广是“有背景”的人。而且，那个时代还没有科举制度，所以官员的选拔主要靠世袭，也就是你祖辈的官职基本上决定了你的仕途，所以李广年纪轻轻就已经跟随在汉文帝左右担任侍卫军官了。

第二：他是三朝元老。在文帝、景帝乃至武帝执政时期，他都是重要的军事将领。汉文帝十四年，李广因在对匈奴作战中有功而被擢升为中郎将，品秩为“比二千石”，掌管皇家卫队，属光禄勋管辖。汉朝武官的级别分为将军、中郎将、校尉三级，由于将军并不常置，有战事时才冠统兵者以将军之称，所以在平时，一般武官所能获得的最高官职就是中郎将。景帝时，李广又先后任北部边域七郡太守。武帝即位后，召李广为未央宫卫尉，官至九卿。若比之于当今的职场，这也就意味着上面的大领导已经换了三届了，他却始终是这个单位的核心中层干部。

第三：他骁勇善战，尤其是祖传的箭法相当了得，可谓百步穿杨。凭这一绝技，他上阵作战时，经常在阵前射杀敌军将领，闲时猎杀老虎更是百发百中。有一次，他晚上打猎，隐隐约约中将远处草丛中的一块卧石误认作老虎，便张弓搭箭一箭射去，等天亮后再去察看，却发现那支箭的箭镞已深深嵌入石头无法拔出，卢纶的《塞下曲》说的就是这件事。如此看来，李广这个人的业务能力超群出众，简直就是单位里的技术标兵、空军中的“金头盔”飞行员。

第四：正所谓艺高人胆大，他确实胆识过人。据史料记载，景帝年间，他任北部边域太守时，匈奴入侵上郡，景帝便派一个宠信的宦官同李广一起统率、训练军队以抗击匈奴。一次，宦官带了几十个骑兵出猎，路遇三名匈奴骑兵并与其接战，结果，匈奴人不仅射杀了所有随从卫士，还射伤了宦官，宦官慌忙逃回报告给李广。李广认定这三人是匈奴的“射雕手”，就是匈奴军队里那些射技出色，相当于特种兵、侦察兵之类的兵勇。李广一见棋逢对手，马上来了兴致，亲率百余名骑兵出城缉拿。出城几十里追上匈奴后，李广命令骑兵张开左右两翼包抄，自己和匈奴展开了射箭比赛，以三比零大获全胜（射杀两人，活捉一人）。在他们刚把俘虏缚上马准备往回走时，匈奴数千骑兵赶来，他们见到李广的军队，以为是汉军诱敌的疑兵，大吃一惊，立刻上山占据有利地形摆开阵势。李广的百余名骑兵也十分害怕，都想掉转马头往回跑，李广制止道：“吾去大军数十里，今如此以百骑走，匈奴追射我立尽。今我留，匈奴必以我为大军之诱，必不敢击我。”（《史记·李将军列传》）当时，李广干脆命令所有的骑兵策马前进，一直走到离匈奴阵地不到二里的地方才停了下来。李广又下令道：“皆下马解鞍！”他手下的骑兵说：“虏多且近，即有急，奈何？”李广说：“彼虏以我为走，今皆解鞍以示不走，用坚其意。”匈奴骑兵果然不敢贸然进攻。这时，一名骑白马的匈奴将领出阵来监护他的士兵，李广策马上前，一箭射杀白马将，然后重回队里，卸下了马鞍，并命士兵都放开马匹，睡卧地上。这时天色已晚，匈奴兵虽觉得他们可疑，却始终不敢发动进攻。直到半夜时分，匈奴终因担心附近有图谋夜袭他们的汉军伏兵而引兵离去。李广见匈奴退兵远去，才命令手下人披挂上马，重回大部队。从这件事情来看，李广这个人的胆子的确相当大，可谓久经沙场临危不惧。

第五：他群众基础扎实。从史料的片言只语中，我们了解到李广为将爱兵如子，手下人还没吃上饭他也不吃饭，手下人还没喝上水他也不喝水。偶尔皇帝有什么赏赐，他也不着急往家里搬，而是就地分赏给手下人。行军打仗时，他也不太苛求军容整饬。所以，他的手下人都很敬重、爱戴他，并愿意跟着他。

这样综合起来看，李广这个人要背景有背景，要资历有资历，而且有能力有胆识，还有那么扎实的群众基础，像这样的人，在职场上肯定应是高歌猛进、一往无前了。然而事与愿违——李广是中国历史上一个非常著名的典型人物，这个“典型”不是说他的能力有多强，而是指他在职场上的发展极其不顺利。

唐朝的青年才俊王勃，在他的千古佳作《滕王阁序》中有这样的表述：“时运不齐，命途多舛。冯唐易老，李广难封。”这说明早在唐代，读书人群体中就已经有了这样的一种共识：李广这个人的职场发展是极其不顺利的。何谓“李广难封”？李广一直有个封侯的愿望，因为在大汉年间的职场上，中郎将什么的也不过就是个高级打工仔，而要让大家都认为你的确混出名堂了，就得封侯——也就是朝廷划一块地给你，你就是该地的领主了，能享受该地的税收了。而且，不只你享受，你的儿子、孙子也会跟着享受，世袭罔替。这就有点像公司分给了你股份，你就从职业经理人变成事业合伙人了。李广想封侯，但穷其一生也没封上，而他的堂弟李蔡，名气远没他大却早已封侯。而且，他的很多部下也陆续受封了，但他这个领导还是没封，甚至他的儿子李敢都封侯了，他也依旧没封！直至他在六十岁那一年犯了职场中一次相当重大的失误，万念俱灰之下选择拔剑自刎，了断自己遗憾的一生，并引得后世无数同样在职场中志不得伸的落魄才子集体感叹：时不济也！运不及也！怀才不遇也！

但是，中国有句老话说得好：可怜之人必有可恨之处。李广为什么明明有上佳的职场发展条件，却在职场的道路上走得如此坎坷？难道这其中就没有他自身的原因吗？

我们再来看看另一个人，这个人可以算是李广的同时代人，虽然他在职场中的起步较之李广落后了好几个身位，但他不仅在职场上高歌猛进，而且在中国历史上也遗留下了远超李广的影响力，为剪除匈奴对中原百姓的威胁立下了不朽的功勋。最重要的是，人家被封侯了，而且还是李广一直可望而不可即的“万户侯”。这个人就是西汉大司马、大将军、长平侯——卫青。他生前封长平侯，死后谥号为烈，所以后世又称其长平烈侯。大家对卫青的普遍认知，大概也就仅止于此了。这里，笔者也像对李广一样，先介绍一下卫青这个人的基本情况。

第一：卫青贵为皇亲国戚，而且是双料的皇亲国戚。因为他的姐姐卫子夫就是汉武帝当时最宠爱的女人，后来又被册封为皇后，所以从这层关系来看，卫青就是汉武帝的小舅子。谁料后来机缘巧合，卫青平步青云，迎娶了汉武帝的姐姐平阳公主，从而又做起了汉武帝的姐夫，更是亲上加亲。

第二：卫青权倾朝野，他不仅受封为大将军，统领全国军队，而且还是内朝的第一负责人。我们知道汉承秦制，秦朝以丞相取代三公，议定天下大事，又设太尉统辖军事、御史大夫掌管典章刑律，作为丞相的副手。而当时，汉武帝为了加强皇权、制约相权，专门设立了内朝议政之制，从而把统领百官的丞相变成了执行机器。所以，卫青作为内朝第一人，无论是对朝政的影响力，还是其个人的权势、地位，都在丞相之上。

第三：卫青在元光五年至元狩四年这十一年间，受命率军七击匈奴，且七战七捷，无一败绩，彻底扭转了汉匈之间的作战态势，并最终将自秦以来就长期威胁着中原王朝的匈奴从顶峰状态打入衰亡境地，为汉朝立下了不朽的功勋，堪称一代“战神”。

第四：卫青是一门五侯。不仅他被封侯，他三个儿子皆如此，他那外甥霍去病就更不用说了，封冠军侯、拜大司马，锋芒一度盖过了舅舅。卫青取得了这样辉煌的职场成就，相较于我们前面提到的李广，简直是天差地别。

当然，这些都不是最关键的。我们纵观历史，可以发现取得如此功勋的大有人在，但这些人往往都有一个不太好的结局。我们光看西汉开国功臣韩信、彭越、英布，他们个个虽曾封疆裂土，加官晋爵，但最后都难得善终。因为很多时候，荣华富贵和满门抄斩之间，只隔了某个政治对手的一句阴毒的挑唆。但卫青虽历经各种政治风波，却始终屹立于权力巅峰，即便去世后，也获准陪葬茂陵，继续“辅佐”汉武帝。这足见汉武帝对这位重臣的青睐。那么卫青这一路走来，到底是怎样的心路历程呢？他在职场中的成功有没有什么秘诀呢？其中哪些东西又能为我们借鉴呢？　李广和卫青二人，他们的职场发展为何会有如此强烈的反差呢？这一切的背后，是不是有什么核心的规律可循呢？

我们经常用到一个词，“顺势而为”。什么是“势”？“势”就是世间万物发展的核心顺序和基本规律。所谓“顺势而为”，其实就是要求我们在实践中了解规律、掌握规律，并尽量按照规律行事。“水往低处流”就是一种“势”，根据这个“势”，我们就可以利用水来发电。所以，一个人如果对规律完全不了解，一意孤行地盲目开展工作，那往往就会行差踏错、荒腔走板。

那么，什么样的“势”是我们可以借鉴的呢？我们经常说“乾坤之间有天地”，那么我们就不妨从这个角度来探索探索。乾卦和坤卦是《易经》八卦中的两卦，虽然同属八卦，但这两卦与其余六卦之间却有着层级上的区别。“乾”是天，“坤”是地，盘古开天辟地，所以“天地”是中国先民对这个世界最基本的解释单元。从这个角度来看，乾、坤两卦就是《易经》的概要、纲领。

很多人认为《易经》不过是看风水、算命理的工具，是封建糟粕。其实，我们只要对《易经》稍加了解就可以发现，它其实蕴含着一种朴素的哲学思想，是中国丰厚文化宝藏中的一颗耀眼明珠，可谓“百经之经”、中国哲学思想的奠基石。后期的诸子百家，对《易经》皆给予了充分的重视与研究，儒家的开山祖师孔子，差不多就是有据可考的、为《易经》做注释的第一人，这足见他老人家对《易经》的重视程度。

约定俗成的说法是，《易经》创始于伏羲氏，但我们相信，它应该不是凭谁一拍脑袋就能一下子冒出来的，而应是随着中华文明的诞生和发展慢慢形成的，其实，在成熟汉字出现之前，它就已经有雏形存在了。安徽省马鞍山市含山县有一个叫凌家滩的地方，那是一个距今约五千多年的新石器时代的文化遗址，在考古发掘的时候，人们就在那里发现了目前中国最早的八卦图的雏形——被刻在一件非常精美的玉制品上。到了周朝，周文王在前人的基础上做了较为系统的汇总、整理和完善，使其最终成为我们目前所看到的这个样子，所以后世人惯于称它为《周易》。

这就有一个问题出现了：我们现在要写篇论文什么的，都要参考大量的文献资料，而职员们写个计划书之类的，也都喜欢先上网搜索一下，看有没有什么模板可以套用。那么，先人在史前时代要做研究，他们又能参考什么呢？

可以猜测得出来，他们参考的是斗转星移、春去秋来、万物交替，他们借鉴的是这个大自然的一些根本性的变化规律。世间万物发展至今，都已历经了亿万年的自然选择，从这个角度来讲，其背后一定有着一种深刻的生存法则，而这样一种历经亿万年却颠扑不破的生存法则，一旦为我们剖析出来并被运用到工作、生活中，就会产生积极的指导意义。

比如，我们不少人都去过海南岛。海南岛地处热带，阳光充沛，水草丰茂，而且盛产各种各样的水果，椰子就是其中之一。说椰子是水果，大家应该没有异议吧？但作为水果的椰子，是不是稍微有点“另类”呢？你看，一般的水果都是颜色鲜丽、气味香浓、外观水灵的，但椰子却并非如此。这是为什么呢？其实，水果之所以大多具备以上几种特点，就是为了能吸引野兽。野兽在被吸引过来并把它的果实吃掉之后，就能将它的种子带到远方，使之得以在他处萌生、繁衍。那么，难道椰子就不需要“传宗接代”了吗？当然需要。不过椰子走的不是寻常路，它选择的是“蓝海市场”。我们现在把竞争白热化的市场称为“红海市场”，而把几乎没有竞争的市场叫作“蓝海市场”。热带地区虽然阳光充沛、水土丰沃，看似适合万物生长，但一个适合万物生长的地方，实际上也是一个生存竞争异常激烈的地方。我看过一份资料：在热带原始森林每年萌发的种子中，可以存活下来的仅占15%，而占85%的那些则被无情地扼杀了。椰子显然不愿意走这样一条众生相残的路，于是，它明智地选择了一条不寻常的生存之路，这类似于选择了一个几乎没有竞争的市场。我们发现一个现象，椰子树一般都长在海边，在那里，几乎没有其他树种与它竞争，所以椰子树可以非常恣意地独享这片蓝天。此现象之所以产生，原因在于海边土壤的盐度比较高，就算有野兽把其他植物的种子带到此处，这样的土壤条件也是不适于这些种子萌芽、存活的。但椰子就不一样了。我们看一只椰子从高高的椰子树上落下来，掉到沙滩上，会摔碎吗？不会！会不会有野兽来把它吃掉呢？一般的野兽也啃不动。当然，萨摩亚群岛上有一种椰子蟹是专门吃椰子的——那大概也是由于岛上的椰子树太过繁盛，所以大自然才安排了这个“计生委员”，专门为椰子树控制“树口”。当椰子树的种子发芽了，小苗往上一伸，小根须往下一探，发现土壤里的水分是咸的而无法利用时——没有关系，它有解决方案。由于它自己是带着“给养库”过来的，所以它就依靠着营养成分蕴藏丰富的果实，获取生长发育所需的基本养分，从而使它的小苗不断往上长，小根须不断往下探。直到它的根须能够接触到地表附近的淡水时，椰子的果实才算完成了它“保驾护航”的使命。正是由于椰子的果实具有这种特殊的作用，所以椰子树就算在土壤盐度很高的沙滩上，也照样能够恣意生长，挺立于海天之际！而这，都源于它为了适应不利环境而练就的独特本领。我们真的应该为椰子树鼓掌，为充满神奇力量的大自然喝彩！

《易经》是什么？“易”即“变化”，“经”即“规律”。《易经》中就承载了富有智慧的中国古人对自然万物的观察和感悟，以及他们对事物的发展变化做出的一些规律性的总结和推断。所以从这个角度讲，《易经》中最核心的部分并不是迷信，而是一种朴素的哲学，只是后人在这个基础上，给它附加了太多穿凿附会的东西，从而使它披上了一件神秘的外衣。我们希望去伪存真，抛弃那些迷信腐朽的糟粕而揭示事物发展的本源、掌握世间万物的核心发展变化规律，从而真正做到顺势而为。

所以，在本书中，笔者便以李广和卫青作为参照人物，结合自己在职场中多年打拼所经历的风风雨雨、所品尝的酸甜苦辣，并以乾坤两卦为线索，来为读者破解职场中不同发展阶段的进阶奥秘，希望后来者能够从中汲取经验教训。相信大家在读完这本书后，会对自己的职场行为有所反思、有所完善，在今后的发展道路上走得更加顺畅、更加轻松！

目　录

前言：*李广难封和卫青一门五侯背后的职场逻辑* ………… 001

上篇：从李广为什么难封解读职场策略 ………… 001

引　言 ………… 003
第一章　初九：潜龙勿用 ………… 005
第二章　九二：见龙在田，利见大人 ………… 020
第三章　九三：君子终日乾乾，夕惕若，厉无咎 ………… 034
第四章　九四：或跃在渊，无咎 ………… 048
第五章　九五：飞龙在天，利见大人 ………… 071
第六章　上九：亢龙有悔 ………… 086

下篇：从卫青何以一门五侯解读职场策略 ………… 099

引　言 ………… 101
第一章　初六：履霜，坚冰至 ………… 103
第二章　六二：直方大，不习无不利 ………… 113
第三章　六三：含章可贞，或从王事，无成有终 ………… 126
第四章　六四：括囊，无咎无誉 ………… 141
第五章　六五：黄裳，元吉 ………… 157
第六章　上六：龙战于野，其血玄黄 ………… 173

上篇

从李广为什么难封 解读职场策略

引言

正所谓“乾坤之间有天地”，“乾坤”是中国古人对天地的称谓，“乾”代表着天，“坤”代表着地。《易经》中的第一卦就是乾卦，也即天卦，是总纲。意谓问苍天，世间万物的盛衰兴替，有没有什么核心的规律可以把握？

乾卦认为，从事物发展的起始阶段“初九”到顶峰状态“上九”，共有六个步骤，在每个步骤上，《易经》乾卦都给我们提供了相应的对策与指导思想。

初九：潜龙勿用

九二：见龙在田，利见大人

九三：君子终日乾乾，夕惕若，厉无咎

九四：或跃在渊，无咎

九五：飞龙在天，利见大人

上九：亢龙有悔

而且，《易经》乾卦还认为，以上的六个步骤，又可细分为两个关键层次，一个是事物发展的初级层次，一个是事物发展的高级层次。为什么呢？我们可以先看“九二”：“见（通假字，通

“现”）龙在田，利见大人。”再看“九五”：“飞龙在天，利见大人。”这两爻，文辞的句式完全一致，也都有“利见大人”一语，仿佛说的是同一件事情。但是我们发现，这两爻中，龙一是在天的，一是在地（在田）的，层次完全不一样，这中间横亘着一个“九四”：“或跃在渊，无咎。”

大家有没有注意到这样一种现象：一个年轻人在一个单位经过了三五年的努力，有幸成为一个基层管理者，但这之后，他在这个基层管理者的岗位上一干就是十年甚至二十年，再无进一步的发展了；一些企业挂牌创立了，在努力打拼了三五年后，企业资金有个几千万了，然后就也在这几千万身家的平台上，十年二十年地止步不前了。究其原因，就是事物在发展到某个特定阶段时，往往会遇到一个障碍，如果能有效地扫除这一障碍，就会上升至更高层次的发展阶段，而如果无法有效地扫除这个障碍，则只有周而复始地原地循环，我们现代人把这样的障碍叫作“瓶颈”，在《易经》中，它则被称为“或跃在渊”的“渊”。能跨越“渊”的，便可“飞龙在天”，而跨不过去的，就只有“终日乾乾”。所以，在上篇中，笔者就以乾卦为线索，来为大家揭示职场发展的规律。

第一章　初九：潜龙勿用

“初九”在乾卦中象征着事物发展的初级阶段，其中的指导思想是“潜龙勿用”。“潜龙”，可以被理解为潜伏在水中的龙，对应到职场中，我认为可以理解为一个新员工、一个基层人员，或者一个刚刚调了岗位、变了工作属性、换了工作环境的员工。在这种情况下，我们都可以把自己定义为一条“潜龙”。至于“勿用”，我们千万不能将之简单地理解为“不用”，而应意识到如果我们觉得自己目前还只是一条“潜龙”的话，就先不要急躁轻率地行动。不作为固然不对，但乱作为同样有很大的弊端。所以，在这个阶段，我们不妨先潜心做些思考，思考一下自己的方向、目标和策略，等把这些东西都想明白以后，再去有的放矢地“用”。

一、失去机会的业务代表

我曾经在一家民营企业担任营销总监助理，某天，在向老板汇报完工作之后，老板突然问了我一个问题：“目前，市场的发展速度太快，竞争形势不等人，所以我们要抓紧布局，抢市场、抢进度。为此呢，我考虑再开辟一个新的省级市场作为机会市场，并选拔出一个合适的人担任这个省级市场的经理。你看看，谁比较合适啊？”

我知道，一般而言，像这种级别的经理，一般都是老板自己定的，不过老板也会提前听取一些人的意见作为参考。所以，我在脑子里将主管级的人员筛了一遍后，向老板推荐了一个。之所以推荐这个人，我有三个理由：第一，能力强。一般人搞不定的客户，他一出马就能搞定——任用这样的干部，有利于机会市场的开拓。第二，威望高。在主管层面，人人给他三分面子——这样的人被提拔起来，方方面面都摆得平。第三，组织忠诚度也够。五年的老员工了，是时候考虑再往上提拔提拔了。况且，这个人平时和我处得也还不错，所以有机会我当然要为他引荐了。

没想到，老板一听便说：“这个人啊，我早有耳闻，不考虑。”直接否定了。我把我选他的理由向老板详细地解释了一下，说：“这个人真的不错，在我们当下的主管层里，就数他是佼佼者。这么厉害的人你不用，还想用什么样的？无人出其右啊。”

老板说：“我之所以不考虑这个人，是因为财务部门向我反映，说他在报销费用的时候，总是喜欢投机取巧，把那些不该报的发票都报上来了，而且每个月总要用这样那样的手段从公司多搞点钱。”

我一愣，就问老板：“您得知这件事情多久了？”因为他说的是“每个月”，说明这不是最近发生的事。我很是尴尬，毕竟，我也算营销“二把手”了，可这种事情老板都知道了，我却还蒙在鼓里，所以我希望老板说他是刚刚知道的，这样我多少还有点面子。

但老板说："的确不是最近才听说的，财务部门反映此事也已经有一年了吧。我们一直在注意这个人，发现他基本上每个月都是这样的。"

我认真起来，想要扳回一局，便说："老板啊，我这就不理解了，既然一年前大家就已经知道有这么一个人在破坏我们的财务报销制度，那么当时为什么不把他揪出来呢？我们惩前毖后，也是维护组织制度的尊严啊！"

老板一听，笑了："他们都说你有点书生气，我看真是这样。算了吧！钱也不多，大约每个月五六百，在可控范围之内。至于我为什么装作不知道，告诉你吧，第一，这个人本事大，他能不断地为单位创造效益，说白了，就是能不断地替我这个老板赚钱。第二，正像你说的，他在团队中还是有一定的威望的，也就是说，他是一面旗帜，旗帜哪能随便倒啊？再者说，这样的人往往是争强好胜、爱面子的，如果我们把这件事给他点破了，来个通报批评什么的，你觉得他会不会因面子上挂不住而辞职走人啊？真要这样的话，我倒觉得是个损失啊！正是出于这样的考虑，我想我还是装不知道吧，只要他能够在这个平台上不断地替我赚到钱，这每个月多拿的五六百，我就当是发给他的'特别津贴'了。但是，你若把这种人给我提拔起来做省区经理，可就不一样了，因为他的职务不一样了，能掌握和动用的资源也就不一样了。到那时，还会是每个月多拿几百的事情吗？所以，对于这样的人，我们还是不要提拔了！"

我听了这件事情以后，感触很深。我的感触来自三个方面：第一，我觉得老板真的不容小觑。我之前虽然对他也比较尊重，但在潜意识里一直以为，一个文化程度不高的企业家，水平毕竟有限，但现在，我觉得人家能取得成功也不是没有道理。对于很多问题，人家就是看得比你深，考虑得比你周全。第二，我觉得大家千万不要以为某些事领导不知道，或者说组织上不知道。在公司总部待过的人都知道，那里每天收到的实名的、匿名的举报信多得像雪片一样。而且每个领导都还有他获取信息的特殊途径，具体怎么“特殊”，我后面再讲。第三，我深深地为这位兄弟感到惋惜。因为我是知道薪酬体系的，这位兄弟如果把握住了这次机会，升为省区经理的话，其年薪就会提高两万，这还不算奖金、销售提成什么的。也就是说，虽然他一年中辛辛苦苦、偷偷摸摸地多搞到了几千元，却为此丢掉了一个可以明明白白、堂堂正正地每年多赚四五万的机会，可谓因小失大。

更要命的是，这个兄弟未来在这家单位里还有发展的机会吗？一旦老板对你形成了这么一种负面的成见，那么你在这家单位中，基本上也就无望了。你会郁闷至极，因为你发现那些年龄不如你的、资历不如你的、能力不如你的、贡献不如你的，都慢慢地上去了，而自己却一直原地踏步。最终，你还是会走的——当你身上的这点价值对于老板而言已经不成其为价值的时候，你就得走了。

我最近一次见到这个兄弟，是在陵园门口。我去扫墓，见他在一辆中巴车上揽客：“快上快上。有有有，里面还有座！”四目相对的时候，我脱口而出："兄弟，不至于吧！"因为在我的心目中，他真的是一个能力特别强的人。我说："你不至于干这个吧？"

当时，他捏捏衣角，说："领导，您误会了，我是导游，这是我们旅游公司的车。现在不是清明了嘛，所以我们就到这里来搞个创收。"

我说："好好，那你们忙。"转身离开了。但我一边走，一边在心里想：这小子是不是又把单位的车偷偷开出来给自己赚外快了？所以你看，一个人干过一次不够光明磊落的事，被别人知道了，别人就会始终戴着一副有色眼镜来看你，总往不好的方向去想你。如果是这样的话，那你做人是不是太被动了？

我们换个角度思考。如果这位小兄弟当年一进我们这家公司就有一个明确的奋斗目标，比如说进来一看：哟！这个单位不得了，人才济济啊，看来，我至少需要三年才能爬上省区经理的岗位。或者进来一看：哟！这个单位有能力的人不多，大多是泛泛之辈，那我不妨提提速，争取两年就当上省区经理。倘若如此，他还会不会去干之前的那些事情了？虽然我也不敢说完全不会，但是我相信他在干此类事情之前，一定会慎重地掂量一下——到底值不值呀？

所以，大家发现没有，如果一个员工在职场中有明确的方向和目标，那么他在做任何事情之前，都会有所考量：是该做，还是不该做。眼下的这件事的确会带来利益，但这个利益和我心目中那个更大的利益是不是有冲突？如果有，那么我就不会去做！

人一旦思考了，就有把事情往对的方向去做的很大的可能性。怕就怕一个员工什么想法也没有，天天在那里混日子，因为这样的员工往往是一叶障目的，但凡有利益摆在他眼前，不管这利益是大是小，都能把他的双眼遮得严严实实，使他每天都在干着一些不太着调的事情。

二、新员工必须明白的四个问题

鉴于此，在我以前服务的那家公司，每次新员工招聘的最后一道面试，基本上就由我来当主考官。我会用差不多一个小时的时间和他聊四个问题。

第一个问题是：你是谁？也就是你认为你性格的优缺点分别是什么？你主要的能力、特长是什么？或者说，你认为在当下这个社会中，你的核心竞争优势是什么？于我而言，你说什么其实并不重要，我主要就看你所说的是之前就已经深思熟虑过的，还是临时编出来的，由此，我能大致判断出你是不是一个具有自我认识能力的人。一个长到二十五六岁却连自己是块什么料都还不清楚的人，很难让我相信他是一个明白人，同时，我也不太相信一个糊涂人能干出明白事来。

假如你的确让我觉得你是一个对自身有充分认知的人，那么我的第二个问题就是：你想要什么？也就是你来我们这个单位应聘，你想要的东西是什么？职务的、薪酬的……什么都可以谈。

比如，我们现在能给你的职务是主管，你满意吗？不满意的话，你希望得到什么职务？我们现在能给你的月薪是五千元，你满意吗？不满意的话，你觉得应该是多少？你得有想法。因为我知道，一个人只要有想法，就会有方法！连想法都没有的人，怎么可能去思考方法呢？

如果他说月薪五千元的确少了，一万元还可以考虑。那么我的第三个问题就来了：你凭什么？当然，我在问这个问题的时候，会将语气把握得很好，绝对不会让他感觉我是在羞辱他，而是在高度肯定其个人目标的前提下进一步与他探讨：你觉得你在我们这样的公司，要做到什么程度、什么水平，或者说给公司做出什么样的贡献，才可以让我们给你一万元的月薪？一万元不是不可以，两万元也不是没有可能，关键是你凭借什么来换取呢？所以，这位应聘者，如果你能够给出让我认可的，同时也的确是组织需要的答案，我就可以跟你现场拍板：好！你什么时候做到，我们就什么时候给到，怎么样！

这就是说，他不但要有目标，还要知道获取成功的途径。光有一个目标却没有计划、没有步骤、没有行动是不行的。好比今天你作为应聘者来面试，公司的门朝哪边开，你得知道吧？楼梯怎么走，你得知道吧？有没有电梯可以搭乘，你得知道吧？光有一个天真的想法却没有清晰的计划和切实的行动，终是枉然啊。

我们公司曾经与一些基层干部做过一个职业生涯规划的谈话。当时，我问一个经理下一步还有没有什么打算，他只说他想成为核心业务团队的经理。因为我们集团公司有主营业务和非主营业务，他当时是一个负责非主营业务的经理，所以想成为一个主营业务部门的经理——二者在收入和“地位感”上的确还是有点差别的。

我就追问了一句：“你有这个想法多久了？”

他说：“自打一进公司，我就有这样的想法了。”

我说：“这么说，有五年啦？”因为依据履历表，这是一个有五年工龄的老员工了。

我说：“既然五年前你就已经有这样的想法了，那这五年里，你怎么都没能过来呢？”

他说：“没有机会啊，领导。”

我说：“怎么没有机会？老兄啊，我在公司总部，能看到每天都有机会啊！既然你五年前就想过来，那么你有没有进一步想过，要实现这个目标，你首先需要掌握哪些技能、打通哪些关节、进入哪些领导的视野，然后再一步一步地去争取啊？如果你光有这么个想法却不做出任何行动，那我不妨告诉你，再过五年，你都未必能过来。因为机会虽然很多，但是竞争者也很多，你想等馅饼直接砸到你的脑门上，那概率也太小了吧！”

所以，年轻人先不要抱怨自己的职位低、收入低，而是不妨先想清楚自己要的是什么、怎样才能得到，然后再大大方方地找领导去讨论。相信每个领导都是喜欢看到这样有进取心的员工的。

最后，我还会问他一个“终极”问题：你觉得是“眼下钱”重要呢，还是“未来钱”重要？关于这“眼下钱”和“未来钱”，就有一个故事可讲了。香港有个富商，他之前的生意不太成功，人也特别辛苦。偶然间，他读到了一本《李嘉诚传》，读完后，他茅塞顿开，生意也发展迅猛。财经记者去采访这个人，问他究竟从《李嘉诚传》里学到了什么东西，使他在十年间发生了如此大的变化。

那个人说，虽然他并没有读到什么经营秘诀，但是他在书中悟通了一个道理：之前的十年，他做生意非常看重“眼下钱”，希望从每一笔生意中获取最大的回报。比如一笔生意有十分利，他就想自己拿七分而让合作伙伴拿三分，甚至盘算自己能不能拿到八分。但他在《李嘉诚传》里，看到李嘉诚年轻时做生意，却总在思考着怎么样让生意伙伴多赚点，自己得三分利还是四分利则都不要紧，哪怕是两分利，他也能接受，只要生意伙伴满意就行。“表面上看，我的原始积累的增长速度要比李嘉诚快，可为什么人家变成商业巨子了呢？原因在于我的生意模式不是积累型的。每个和我做完生意的人都认为和我做生意太没意思了，后来就不和我合作了，所以我之前的十年相当于天天在创业。李嘉诚就不一样了，虽然他获利少，但每个和他做完生意的人都觉得和他做生意太有意思了，日后，他们手上若有了项目，都会主动找李嘉诚再合作。所以，李嘉诚的生意模式是滚雪球式的，每滚一圈，都为未来的发展打下了坚实的基础。自从明白了这个道理，我就做出了一个决定——从此以后，我在做每一件事情之前，都问自己：做这件事情，眼下能获得什么回报？未来又能获得什么回报？如果一件事情只能让我看得到眼下的回报而不太能看得到未来的回报，那我往往就不做了。因为人还是得有所为有所不为，要做就做能带来最大效益的事。自从我这么做了以后，我的生意马上就有了起色。”

不瞒大家说，自从明白了这个道理，我自己的生意也起来了。我于1993年至2003年间在可口可乐公司工作，十年聘用期满后，我以世界五百强企业职业经理人的身份出现在培训市场上，做商业培训。当时的我自视甚高，讲一堂课，开价一万元，这在2003年时也不算低了，但结果是一年下来，我只能讲三四堂课。我就奇怪了，为什么人家老师的课时那么多？是不是我讲得不好啊？于是，我就去观摩其他老师上课，觉得大家的讲课水平也差不多，那为什么人家老师就能上那么多堂课呢？

读了上面的小故事后，我有点明白了，原来是培训机构觉得在我身上不太能赚得到钱，所以把我当“备胎”处理了，虽然依旧是“轮胎”，但“备”在那里的，一般是不用的。何时用呢？别的“轮胎”出状况的时候。比如原定的老师生病了、航班突然取消了——总之是来不了了，他们才打电话给我：“林老师啊，明天有没有空啊？有空的话就帮我们代堂课吧。”都是这样临时约的。

所以，在明白了这个道理以后，我也做了个决定。我把课酬标准给拦腰对砍了——拿五千元也差不多了吧？反正闲着也是闲着，就当那放弃的五千元钱是用来补充渠道利润、提高渠道盈利水平的。之后，我马上受到了各路培训机构的热捧，但凡有课，他们总会先问问我有没有空，我没空时，他们再问其他的老师。就这样，我先让自己这台机器满负荷运转起来，然后再逐步提高价位……到现在，十来年了，我基本上一年能上两百多堂课，也觉得这种节奏正好能保证我的身体始终处于一个最理想的状态。但是，如果我当年抱残守缺，坚持要拿一万元的课酬，那么恐怕现在一年能有二三十堂课也就差不多了。

我为何要对新员工讲这些呢？因为现在的新员工越来越年轻，“90后”已经是其主流了。一个“90后”的新员工来到我们公司，你能付他多少月薪？在一般性的行业中，五千元上下也差不多了吧。那么，对于一个“90后”的员工而言，五千元的月薪有激励作用吗？大家注意，“90后”这一代人是比较特殊的，他们的父母现在也就是五十岁上下，正是目前掌握社会权力和财富最多的一批人，所以，“90后”可以说是含着金汤匙出生的一代人。他们很多人还在学校读书的时候，就已经有很强的消费力了，五千元的月薪可能还不够他们喝咖啡、K歌的。那么，我们怎么能相信一个员工拿着一份不能让他产生满足感的薪水，干活儿却能干得热火朝天呢？所以，很多员工对工作持这么一种态度：我拿的这份工资又不多，我只要对得起这份工资就好了。而所谓“对得起”，其实就是“对付”——工作够交差就好，能打发领导就够，然后等着下班就行。你领导要是把我逼急了，信不信我明天就辞职走人？

所以，在进行面试的时候，我会先把上面那个故事讲给他听，讲完以后再问他：那么现在，你觉得是“眼下钱”重要，还是“未来钱”重要？如果你的确清楚自己是谁、明确自己要的是什么，而且也知道怎样做才能实现自己的目标的话，那么我劝你不妨静下心来留在这里试试看，因为刚才我已经向你保证了，只要你做得到，公司就能兑现诺言！怎么样？要不要留下来试试？

所以，我希望年轻员工在拿三五千元月薪的时候就要明白：我不是为了这三五千元的薪水干活儿的，我是为了一年以后的工资水平、为了两年以后的管理岗位干活儿的！所以，我现在就要拿出一种蓬勃的工作热情，因为我相信，我的目标有朝一日能够实现！

这就是“潜龙勿用”。只有事先明确方向、明确目标、明确策略，我们才能做到有的放矢。

三、奥运悲情人物马修·埃蒙斯

2004年的雅典奥运会上出了这么一个人物，是位名叫马修·埃蒙斯的美国射击运动员，他的参赛项目是男子50米步枪三姿。他在比赛中发挥出色，一路挺进决赛。决赛中的第九枪打完后，他以3环的优势遥遥领先于排名第二的选手——那时，预赛成绩是计入决赛的。这是一个非常大的优势，因为在奥运会射击比赛中，一般情况下，打个9.7环都算平平，而9.4环以下的就算失误了。这就是说，马修·埃蒙斯的累计优势决定了他最后一枪只要打个7环，冠军就是他的了，正所谓“五个手指捏田螺，稳笃笃”。结果，他的第十枪却不知怎么脱靶了。裁判都难以置信，反复核对后，发现他是打到旁边人的靶纸上了。冠军金牌，被中国选手贾占波意外收获。

四年后，他卷土重来，在2008年北京奥运会中，继续报名参加该项赛事，继续发挥出色杀入决赛，继续在第九枪打完后遥遥领先于第二名。这个时候，全世界的观众都屏住了呼吸——这一枪总不会再出意外了吧？一声枪响之后，噩梦重现了，马修匪夷所思地打了一个近似脱靶的4.4环，他又一次以同样的方式和冠军失之交臂。

这件事情启示我们：越是在关键时刻，目标的重要性就越能突显出来。在没有明确目标的情况下，即便你是高手、是世界顶尖的高手，你也只能上演一出悲剧。所以，我要送大家一句话：目标比能力更重要，选择比努力更重要！如果你的方向是对的，那么你的每一分努力都将为你带来回报；但如果你连方向都弄错了，那么你的能力越强，你就会在错误的道路上走得越远。

四、李广的目标是怎么来的

我们现在来看李广为什么难封。其实李广在职场发展中的起步阶段还是非常顺利的，因为他本就是官宦子弟。文帝十四年，匈奴大举入侵萧关，李广参与了抗击匈奴的战斗。由于他家世代为将，弓马娴熟，故而他在战斗中斩获了很多敌人首级，并因功被擢为汉廷的中郎，任武骑常侍，年俸八百石。这个“郎”是当时朝廷中一类基层官员的统称，除中郎外，还有议郎、侍郎、骑郎什么的，基本由官宦之家的子弟把持，其中因工作出色而外放的人员，则可任太守级的官职。李广的职位是中郎，具体职务是武骑常侍，即随从皇帝出行并担任警卫。在此期间，李广表现出色，经常有冲锋陷阵、抵御敌人、格杀猛兽的先进事迹。特别是有一次，他随从汉文帝一起狩猎——皇家的狩猎活动中，其实是含有些军事演习的成分的。当时，不知李广又有什么神武的表现，汉文帝见后，就对他说："惜乎！子不遇时！如令子当高帝时，万户侯岂足道哉！"也就是说：李广啊，你生不逢时啊！如果你生在高祖那个时代，被封个万户侯也不在话下啊！

想必这句话在李广心中打下了深深的烙印，自此，他就认为自己是做"万户侯"的命了，而他这一生也就和这个"万户侯"杠上了。但是，从李广的实际行动来看，我们能发现，他就像那个想成为主营业务部门经理的员工一样，有目标却无计划，有想法却无方法，有效率却无效能。

就拿他那件以百余人马智退匈奴大军的事来说，表面上看，他的确胆大心细、临阵不乱、指挥得当，但再仔细想想，如果当时这数千匈奴骑兵不吃这一套，而是一拥而上，把李广和他的部下给"团灭"了，那么皇帝在接到战报时会有何感想？会为李广惋惜吗？哎呀，痛失一位良将啊！不会。皇帝定会拍桌子怒骂：李广这厮！寡人让你肩负重任镇守边陲，你的主要任务是什么？就是把寡人的城池给看住了呀。你倒好，只顾逞匹夫之勇。你自己人死事小，寡人城池失陷、黎民百姓受难事大啊。寡人真是所托非人啊！

可见，李广虽然有封侯的目标，却没有进一步明确要达到这个目标所应具备的条件——从哪些重要方面入手？做好什么样的准备？多留心什么样的机会？多建立什么样的功勋？……正是由于他没有参透“潜龙勿用”的道理，故而他的行动缺少指向性。这之后，他或是没有把握住机会，或是犯下了重大失误，白白蹉跎了一生。

第二章 九二：见龙在田，利见大人

一旦我们把方向、目标、策略都明确了，下一步，乾卦给我们的指导思想就是“九二”：“见（通假字，通“现”）龙在田，利见大人。”也就是说，在“九二”这个阶段，我们就别再“潜”了，得“现”，得展现能力、展现特长、展现积极的发展意愿，目的是让“大人”注意到你。

这个“大人”，本指有德有为、居于高位的人，在这里，我们不妨将其理解为领导。每个领导的大脑里，一般都会有一张“名单”，当机会出现时，他都是从这张“名单”里来物色人选的。所以，每个有想法的职场中人都不妨思考思考，自己在不在领导的这张“名单”里，如果不在，那么你干得再卖力，基本上也是不会有什么机会的，因为你不在领导的考虑范围之内，就这么简单。这好比去医院看病，你先得挂上号，只有这样，等轮到你时，护士才会把你喊进去。如果你连号也不挂，那么你即使在医院里待一天，也不会有人来请你就诊。所谓的“见龙在田，利见大人”，其核心要义就是人们要通过自身的努力，挤进领导的这张“名单”里，排好队等待机会降临。也就是说，员工职场发展的第二个阶段的核心策略，是要积极主动地展现自我。

一、机会只属于有准备的人

先说个“题外”的例子。我在大学里学的是理工科，班里只有五个女生，那时候理工科的女生也都不化妆，一个个素面朝天的，所以我们一些男生就经常翘课去隔壁的外贸系听课。当然，这不是因为我们对外贸产生了什么浓厚的兴趣，而是因为那边女生多，一个班的学生中有一大半是女生。

我们那个时候的年轻人比较喜欢到电影院看通宵电影，就是一个晚上连着看三部电影的那种。当时，我们得下不少功夫，才能约一位女生出来，所以男生之间的竞争不可谓不激烈。但我们中的一个男同学就特别容易成功，因为他每次都做了充分准备，别的不说，就光说他总是会比我们多穿一件衣服——我们穿一件T恤，他就在T恤外加上外套；天冷了，我们加了外套，他就默默地多穿一件毛背心。我们开始还以为他体质弱、怕冷，后来才发现完全不是这么回事——我们都输在他这件精心准备的衣服上了。

每次看完电影出来，差不多就到了第二天早上五六点钟了。女孩子一般都比较怕冷，这个时候，我们的这位同学马上以一个潇洒的动作脱下外套，温柔地给女孩披上。最后是谁送那个女孩回家的呢？衣服是他的呀，你说还有谁？

有时候，我们其他几个同学也争着脱外套，但那个男生总会一把拦住我们：“兄弟，你穿得少，自己身体要紧，还是我来吧！”所以，每次都被这小子占了先。有准备啊，太有准备了！

我们以前的单位有一个市场部，市场部里有一个经理，经理手下有一个助理，助理下面还有两个员工，四个人共同组成一个小部门。这个助理的学历虽然挺高，是硕士研究生，但我发现这个小伙子并不是那种特别有想法的人，他从来就没想过自己能否有朝一日晋升到经理这个岗位。这种缺点表现在工作中，就是他有活儿就干没活儿就拉倒，不然就是浏览网页消磨时间，反正以市场部的工作性质也允许上外网。但是某一天，机会突然降临：他上面的市场部经理被公司总部抽调去做职能部门的经理了，这个小伙子马上就觉得若论资排辈，他应是市场部经理的第一人选。不过说实在的，虽然我刚到那个单位不久，但也觉得无论是他的工作能力还是思想准备度，都远远不能让我放心地把这样一个重要的岗位交给他。我考虑了很久，最终还是没有用他，而是另外招聘了一个更有经验的人来负责这个岗位。这件事对这个小伙子的打击相当大，因为他觉得这就如煮熟的鸭子却飞了。在工作中，他也明显变得消极了，虽然我找他聊过几次，他却没有特别大的改观。最后，他主动提出辞职，我也就没有多作挽留，觉得既然他的心态已经消极了，那么让他继续留下来工作，对他的意义也不大了。

但说实在的，我也不喜欢从外面招人，而是更喜欢从组织内提拔。因为从组织内提拔起来的人员对各种情况都比较了解，马上就可以上手开展工作，而从外面招来的人却得有个熟悉的过程，至少需要两三个月的磨合——这也是成本啊。再者说，我们不断从组织内部进行提拔，对其他员工来讲，也是个很好的示范：你看，他干得好，被提拔了，那我干得好呢？是不是也有被提拔的机会啊？所以，我也不想从外面招。况且，我每天面试那么多人也很累，当然喜欢从内部提拔。但问题是，这个小伙子没有做好准备啊。如果他在做助理的时候就有志于经理这个岗位，在经理处理事务时，他能在旁边留心地看着、学着，把该掌握的那些东西都弄懂了、学会了，那么机会一来，他不就在第一时间把握住了？

虽然很多人说天上不会掉馅饼，但天上其实经常掉馅饼。问题是很多人一直等到馅饼拍在泥地上了才反应过来，故而悔之莫及；而另一些人早已做好了各种准备，一旦馅饼落下来，他们往前一迈步就能将之接到手里。所以，成功与否的关键不是有没有机会，而是你自己是否做好了准备。

二、找到自己的“红衬衣”

积极主动还体现在我们要找到自己的“红衬衣”，而所谓“找到自己的红衬衣”，则来自一个故事。美国石油大亨洛克菲勒年少时有一次上街玩，碰巧看到一个建筑商模样的人正抽着雪茄，志得意满地看着一座兴建中的大楼。洛克菲勒非常歆羡地凑上前去问他：“这座楼是你建的吧？我太崇拜你了。我要向你学习，长大后也要争取成为一个大老板。”那天，这个建筑商心情正好，一看这个小孩这么小就有这么大的志向，也有心点拨点拨，就请洛克菲勒去自己的办公室。进入办公室后，他推开窗户，指着外面工地上一千多号正在埋头苦干的工人，说："你不是想成大事吗？那我考考你。明天，我要从这些工人中选一个人出来做工头，你看选谁比较合适？"

洛克菲勒定睛审视了一番——没法选，都差不多。见此，建筑商笑了笑，对他讲："你知道我会选谁吗？我就选那个穿着红衬衣的人。"

洛克菲勒又仔细地看了看那个穿红衬衣的人，说："我看不出他有什么特别之处，好像他并不是干得最卖力的，也不是肌肉最发达的，你为什么选他呢？"

建筑商说："我选他的原因就是他穿了件红衬衣。为什么呢？我不妨告诉你，我有六个工地，每天在这个工地上停留的时间不会超过半个小时。因为这个小伙子穿着红衬衣，十分显眼，所以我每次来到这个工地，第一眼看到的人就是他，他的一举一动都落在我眼里，我觉得他做个工头没什么问题，完全可以胜任。我相信在他们中间，还有很多人干得比他更好，肌肉也比他更发达，但很遗憾，我分辨不清，因为他们都灰头土脸的，穿戴也都差不多，谁是谁啊？小伙子，你不是将来要干一番大事吗？记住，回去穿上你的'红衬衣'！"

当然，我的意思不是让大家明天都去穿一件红衬衣，"红衬衣"只是一个比喻。其实，每一个人都有属于自己的"红衬衣"。以前，我手下就有这么一个小伙子，他就有自己独特的"红衬衣"。我们集团有个老领导，因为上了年纪，眼睛已经有点花了，所以他每次阅读电子邮件，都得戴上老花镜，费力地凑近电脑屏幕。我们电脑自带的那些办公软件系统中，默认的字号都是非常小的，虽然年轻人看起来并不吃力，但是老年人在看这样的文字时，还是很累眼的。而我手下的这个小伙子就非常细心地发现了这个问题，所以他每次在给那位老领导发工作邮件的时候，都特意将字号调大，那个老领导每次阅读他发过来的电子邮件时也就特别舒服——不但眼睛舒服，心里想必更舒服。有一次，他碰到我，就说："你手下的这个小伙子还是很不错的啊！"没过多久，这个小伙子就被升为主管。看，"红衬衣"起作用了吧！

所以，在很多时候，你只需要做得和别人不一样——这就相当于穿上了"红衬衣"。或许，你也将因此而进入领导的"名单"中。

三、论主动汇报的重要性

或许有人会说，我们公司实在太大，我虽然已经穿上"红衬衣"了，可还是没有被发现，怎么办呢？我在这里给大家讲一个年轻干部的故事。当初，他为了谋求个人更快的发展，放弃了原有的平台，去了另外一家更大的集团公司，从一个新员工干起，花了四个月的时间，晋升为该集团公司中最重要的一家分公司的总经理。这家集团公司的总部在杭州市的西湖区，在全国有三十多个分公司，差不多每个省一个，在浙江省的分公司中，他就是

“一把手”；而且他们分公司一年的销售额近七个亿，在集团公司一年百十个亿的销售总额中占据着相当大的比重，有着不同寻常的分量。

当时，集团内部众说纷纭，都说这个人“有背景”。我所听过的，就有好几种“版本”：有人说他是老板的亲戚，有人说他是老板弟弟的同学，还有人说他是什么区里某领导的孩子……一个个说得有鼻子有眼，仿佛他们获得的都是第一手资料。其实，我听了却直想笑，因为我知道这个人根本没什么背景，因为这个人就是我。大家一定非常想知道，为什么我仅仅花了四个月的时间，就从一个新员工晋升到这么重要的管理岗位。其实我也想知道呀——我何德何能？资历深的、本事大的，集团里不是没有啊，凭什么是我呢？

想来想去，我有点明白了，大概就是因为我是个非常善于汇报工作的人。我每天至少要找我的领导，也就是分管营销的副总汇报一次工作：领导啊，您现在忙不忙啊？不忙的话，我简短地向您汇报一下工作好不好？不会占用您太多时间的。您看，您交代给我们的工作，我们现在进行到哪里了，碰到了哪些问题，我们是怎么解决的，接下来可能还会有哪些障碍，我们初步的计划是什么……不过您放心，我们一定会按时按点、保质保量地完成您交办的各项任务！领导，您还有其他什么特别重要的指示吗？

领导说：没有。

我说：没有的话，我就先回去忙了啊，领导再见。

而且，我不瞒你们，哪怕在下班之前，我都要给领导打个招呼。我平时差不多五点半也就下班了，下班之前，我总会去一趟领导的办公室，“咚咚”一敲门，领导说“请进”，我就进去了：哟，领导您怎么还在忙啊？下班的时间到了，您还有没有什么特别重要的事情需要交代呀？

领导说：没了。

我说：那我就先走一步了，您有事随时电话吩咐，再见！

就这样早请示晚汇报、早请示晚汇报……汇报来汇报去，直到某一天，领导终于不耐烦了，说：“你这个人怎么这么烦？怎么什么事情都要进来讲？我看你真是不太有主见啊！”

这是领导对我的评价，说我这个人“不太有主见”。但话音刚落，一个“不太有主见”的人就被提拔上去了。

为什么呢？我想有两个原因。

第一：为什么领导之前不说我烦，而在我汇报了几个月之后，突然说我烦？我想这是因为领导之前并不了解我，但可能对我还有点兴趣，所以他希望通过我主动向他汇报工作、主动与他交流思想的方式来增进对我的了解。但领导都很聪明，几个回合下来，他就对我的秉性、办事尺度什么的有所了解了。这个时候，他就觉得我不用继续汇报了，应该自己看着办了，所以他觉得我烦，但这实际上也恰好说明他已经认可了我的能力。

第二：你们觉得每个领导想重用和提拔的人，是那些他自认为能够掌控的人，还是不太能掌控的？我在长期向领导汇报工作的过程中，让领导对我产生了一种深刻的印象：这个人高度可控啊！一个既有能力又听话的人，自然会得到领导的青睐。

其实说到这里，我自己也有感触。我做领导那会儿，每当我从大办公区走过，见到那些看到我就躲的人时，我就会不由自主地猜测他们是不是做了什么对不起我的事，不然为什么躲啊？而一个让我怀疑的人，我怎么会提拔他？相反，当我从办公区走过，看到那些主动迎上来、面带笑容地向我问好的人时，我就会觉得：嗯，这个人敞亮。也自然会对他好感倍增。

有时候，我和领导坐在一起谈工作，手机突然响了，不论是谁打来的，我都会说："领导，我先接个电话。"然后当着领导的面接听。而我的很多同事总是一听到手机响了，拿起来一看，跟领导说一句"领导，我出去接个电话"，就拐出门去了。领导看着他远去的背影，心里会想什么？"你这小子整天鬼鬼祟祟的，有什么事情不能当着我的面讲？"这就是不可控、不敞亮，领导也就可能因此而对你有看法。

我们不妨看一则史料，来加深对这一部分内容的理解。该史料价值不菲，即现存于台北故宫博物院的一封宋高宗赵构写给岳飞的亲笔信。让我们通过这封御笔信，一起来体会体会，一个大领导对于他所看好的干部，到底存有一种什么心理？

信的原文是："卿盛秋之际，提兵按边。风霜已寒，征驭良苦。如是别有事，宜可密奏来。朝廷以淮西军叛之后，每加过虑。长江上流一带，缓急之际，全藉卿军照管。可更戒饬所留军马，训练整齐。常若寇至，蕲阳江州两处，水军亦宜遣发，以防意外。如卿体国，岂待多言。"

让我们仔细地研读一下这封信。高宗一开始是这么说的："卿盛秋之际，提兵按边。风霜已寒，征驭良苦。”这两句话很明显就是领导在拍下属的肩膀：哈哈哈！岳飞啊，最近你们工作忙、任务重，天气也越来越凉了，我看你们一直在加班啊，辛苦啦！肩膀拍完以后，高宗却讲了一句意味深长的话：“如是别有事，宜可密奏来。”什么叫“密奏”？通过组织关系一层层向上汇报叫不叫“密奏”？通过公文的正常流转途径向上级汇报叫不叫“密奏”？我不妨告诉大家，任何领导对自己比较信任、比较器重、想将之定为“红线”内“铁杆”和“骨干”的人，一定会向他开放一条特殊的进言通道，希望这位他看好的下属能够与自己保持一种超越岗位、超越职级的更紧密的直接沟通关系。

所以，为何我之前说每个领导都有他获取信息的特殊通道，现在大家都明白了吧？因为你周围说不定有很多人，都跟你的领导保持着“密奏”的关系呢！由此可见，当年宋高宗赵构对岳飞这个下属还是青睐有加的，他给了岳飞这样一种直接汇报的特权，实际上就是希望岳飞这个他看好的干部，可以通过主动向他汇报工作、主动与他交流思想的方式来向组织输诚。高宗在信中传达的言外之意是：我为什么提拔你岳飞啊？难道只是因为我欣赏你，就一定要提拔你吗？我必须先要看到你强烈的个人意愿，才会考虑提拔你！至于信中的其他内容，我就不展开讲了，无非是一些工作部署。最后，高宗留下一句话：“如卿体国，岂待多言。”

什么叫“体国”？你不要想得太复杂，因为在中国古代，君就是国，国就是君。所以这句话的意思很直白，就是：岳飞啊，如果你能够真正体会到我对你的这番良苦用心的话，我还需要在信里跟你多说这些吗？你现在应该懂了吧？懂什么呢？要多汇报啊！

我有个朋友，是一家上市公司的总经理。他有一次在跟我喝茶聊天的时候，感慨道：“最近工作很郁闷。其实，那些业务层面的事并不是问题，毕竟这么多年过来了，我觉得凭我的业务能力完全可以应付。最让我痛苦的事情是什么，你知道吗？”

我问：“是什么？”

他说：“是我在总经理办公室中坐一天，却没有一个下属进来主动向我汇报工作！”

大家可以体会一下，这是一个做总经理的人觉得最让他痛苦的事情——没人来向他汇报工作。这是不是代表着员工的失控？是不是代表着领导被架空？

所以大家看，无论是从你个人的发展来讲，还是从领导的本意来讲，我们都需要更加积极主动地向领导汇报工作。我觉得在这一点上，我们很多员工做得并不到位，在领导交代他们办一件事情后，他们就再没有回应了。你到底有没有做好？若做好了，就给领导发条短信汇报一下，请领导放心；如果没有做好，也要尽快汇报，以便领导及时做出调整。

记得有一次，我和一个新来的助理约定时间在办公楼下集合，开车去某个单位上课。我按惯例提前几分钟下楼，坐在车里等他，但眼看距约定的时间只剩两分钟了，小伙子还没出现。我给他打了电话，他说路上有点堵，可能要迟到几分钟。因为资料在他那里，我还不能自己先走，所以只能等他。结果一等就等了15分钟，等赶到人家单位时，距开场已只剩3分钟了。对方的接洽人非常紧张，满头是汗，说领导们都已经就座了，万一老师迟到，那就太尴尬了。在回来的路上，我就对那位助理讲，在有重要约定的情况下，一定要事先算好时间上的提前量，以免突发事件造成延误；其次，就算遇到突发事件，也一定要及时告知对方，以便对方做出调整。“就今天的情况来说，哪怕是我先出发，在中途接上你，也不至于搞得这么仓促。希望你吸取教训，千万不要再犯同样的过失。”

有的员工的确能从善如流，你跟他说了，他改得很快。但我也发现很多员工不仅对领导善意的建议充耳不闻，反而通过各种方式跟领导对抗，闹情绪、撂挑子、甩脸子——领导，我生气了，看到没有？我有情绪了，你看到没有！不过说实在的，你的这种态度，领导还真没把它当回事儿。善于改过、有上进心的人有的是，不差你。

主动，主动，再主动！只有积极主动地展现自己，才是“见龙在田，利见大人”的精髓。

四、李广善于积极主动地展示自我吗

其实，从进入领导心中“名单”的这个角度来看，李广的确是被动的，毕竟他能力超群、声名远播，甚至都进入了匈奴单于的“名单”。史料记载：“单于素闻广贤，令曰：得李广必生致之。”看得出，连匈奴的头领都对李广这员猛将产生了极大的兴趣，被李广“圈了粉”，命令在交战中不得击杀只可活捉。

李广的第三任领导汉武帝在登基后也不断耳闻李广的名望，于是把他从上郡太守擢为未央卫尉。未央宫是西汉帝国的大朝正殿，也是西汉帝国二百余年间的政令中心。未央卫尉这个官职位列九卿，其职能主要是负责未央宫的警卫工作。由此看来，表现得并不积极主动的李广，似乎也照样可以进入领导心中的“名单”，正如太史公对他的赞美：“桃李不言，下自成蹊。”

但这毕竟是一种被动性的入选，其实往深处寻思，汉武帝提拔李广是别有用心的：当时，他刚刚登基，自然希望自己的核心管理团队尽量由与其父系、后系都没有特殊关系的干部组成，所以在干部的调整和任命上，他会有特殊的考量。正是因为李广一直不善于与领导沟通、不擅于积极主动地展示自我，就如司马迁在《史记》里说的“讷口少言”，之前的核心权贵阶层并未将其纳入自己的“名单”中，所以在李广的身上，也就没有汉武帝父系和后系的标签。从这个角度来看，李广的弱势在那个特殊的时间窗口可能正好转变为一种优势，但这只是他进入汉武帝“名单”的第一步，至于在后续的发展中该如何展现自己，李广显然并未深究。

那么，他每天空闲时都在干什么呢？你看，司马迁在《史记》里写道：“与人居则画地为军陈，射阔狭以饮。专以射为戏，竟死。”就是说，他在部队安顿停当后，得空就在地上画些大大小小的格子，与别人比赛射箭，看谁射得准，输了的人就要被罚酒，而他对这种游戏的嗜好，延续了一生。

正是由于李广疏于与领导主动沟通、主动交流，故而领导没有把他当自己人看，这就使他的职场发展出现了问题，甚至也为他“白头耻下狱，饮泣横干将”的悲惨结局埋下了祸根。我先把这句话放在这儿，到后面结合具体内容再给大家细讲，那就是“性格决定命运”。其实，李广的这种性格特点与他最终的自杀是存在因果关系的。

第三章　九三：君子终日乾乾，夕惕若，厉无咎

如果一个员工已经积极主动地向组织展现能力、展现优势、展现追求进步的主观愿望了，那么一般而言，领导眼里就应该会有你了。一有机会，领导就会为你提供历练的平台，向你发几手牌试试你的能力。我们在接住领导的这把牌以后，如何才能打好呢？核心策略就是《易经》乾卦中的“九三”：“君子终日乾乾，夕惕若，厉无咎。”

我们发现《易经》乾卦里面，就数“九三”这一爻文字最多、语句最长、信息量最大，那么重点想必也在这里，所以我要为大家逐字解释一下。所谓“君子”，就是一个想要有一番作为的人，他白天要积极开展各项工作，晚上还要保持清醒与警惕。一个人若能做到这样，那么他即使面临危险，也能免遭咎害。

一个有想法的人要日有所作，夜有所思。日有所作不难理解，大家对自己的岗位职责都很清楚。但夜有所思，思的是什么？就是要思考这几天以来，什么工作你干得是出色的，今后如何再接再厉；又有哪些事情你做得好像不怎么靠谱、不太被领导认可，那么明天该用什么办法弥补回来，今后如何有效避免此类失误再次发生……你若做到日有所作，夜有所思，白天实践，晚上总结，那么你在“九三”这个环节中就不会有太大问题了。

一、职场无对错

那么，到了“九三”这个环节，我们具体要在职场上格外注意些什么呢？之前，我们单位有个小姑娘，工作能力很强，而且也懂得积极主动地向组织靠拢，我对她很欣赏，并把她列入我的“名单”里。

但是有一天，她突然来我办公室找我辞职：“领导，我给你说件事——我不想干了。”

我问：“好好的，为什么不想干了？”

她告诉我，她和自己顶头上司的关系始终不太好，觉得这个上司经常捉弄她，给她“穿小鞋”。年轻人觉得不舒服，就不想干了。

因为我比较欣赏这个小姑娘，想留下她，于是，我就告诉她应该怎样跟她的上司搞好关系，又应该从哪些方面去更好地开展工作。“你要展现出你的价值，让你的上司觉得你这个人不可或缺。一个员工要做到这份上，你的上司才会倚重你、离不开你。”

当时，我的确成功地把小姑娘留了下来，但不到三个月，她又来找我：“领导啊，我想来想去，还是不想再干下去了！”

我就问：“你好好的怎么又不想干了？”原来，还是之前的原因——她的那个心结还是没有解开。

我觉得组织中不缺任何人，而组织的构建与稳固，也离不开员工之间的和谐。一个员工三番五次地对领导说他不想干了，领导却还要拉着他求他别走，这样的事也确实不合理。于是，我对她说："既然你执意要走，想必已经考虑得很成熟了。我尊重你的个人选择，这次就不再挽留你了。但在你走之前，有两件事情我还是得跟你讲清楚。"

我说："你注意到没有，一个员工如果跟他的上司闹了别扭，上司的领导一般会帮谁啊？一般会帮上司。为什么？不是因为'官官相护'，而是因为一个再正确的员工，也仅仅代表一个'点'，而上司再有不对的地方，他也多多少少地在负责着一个'面'。在上司的领导眼里，'面'的价值远远高于'点'的价值，所以在很多时候，领导虽然知道你受了委屈，也知道你的上司的确有捉弄你的意思，但是为了维护'面'的稳定性，他照样会不惜牺牲你这'点'的利益，因为组织的利益高于一切！而只有在维护好组织利益的前提下，领导才有可能去考虑一个员工的个人利益，这就叫'维稳'。"

所以，大家就不要跟上司闹别扭了，也不要跟组织闹情绪了。你跟上司、组织闹别扭闹情绪，最终受伤的肯定是你。虽然这和对错没有关系，但很多员工依旧会在这里纠结。可这件事你如果不想清楚，那么组织内部的很多事你是想不明白的。

我又问："你的上司为什么会不喜欢你？"

她说："不知道。"

我说："我可能知道一点点，我说给你听，你看有没有道理。"

为什么？就是因为这个小姑娘总是当着她上司的面，跟我走得过近、表现得过分熟络。大家明白了吗？

这就是人性，但也是规律。既然是规律，我们就要重视它、遵循它。所以，我对她说：“既然你要走，我也就不挽留你了。外面的世界很精彩，你趁着年轻，出去看看也不失为一种好的选择。但在你走之前，作为领导，我觉得自己还是有这个责任和义务把这两件事对你讲清楚的，目的是希望你以后到了新单位，要把握好这些细节，不要再犯类似的错误了。你的能力还是不错的，应该会有出息。”

《列子》中记载了一个故事，名为“两小儿辩日”：

“孔子东游，见两小儿辩斗，问其故。

一儿曰：‘我以日始出时去人近，而日中时远也。’

一儿以日初出远，而日中时近也。

一儿曰：‘日初出大如车盖，及日中则如盘盂，此不为远者小而近者大乎？’

一儿曰：‘日初出沧沧凉凉，及其日中如探汤，此不为近者热而远者凉乎？’

孔子不能决也。

两小儿笑曰：‘孰为汝多知乎？’”

这则故事的内容是说孔子到东方游历，遇见两个小孩在争辩，便上前询问原因。一个小孩说：“我认为太阳在初升时距离人近，在正午时距离人远。”而另一个小孩则认为太阳在初升时距离人远，在正午时距离人近。第一个小孩说：“太阳在初升时，如一个车盖般大，在正午时却像一个盛放食物的器皿般小，这难道不是太阳远时显得小而近时显得大的道理吗？”第二个小孩则说：“日初出时，天气尚十分凉爽，而到了正午，却让人热得有将手伸进沸水里的感觉，这难道不是太阳近时令人觉得热而远时令人觉得凉的道理吗？”孔子听后，一时也无法做出判断。两个小孩便笑着说：“谁说你见多识广呢？”

孔子当然没法判断，这是因为两个孩子看问题的角度不一样。那么，员工看问题的角度和领导看问题的角度是否一样呢？既然不一样，那么你作为一个员工，又怎么能说领导一定是错的呢？

当然，我并不是说我们不能跟领导理论。或许有的读者就觉得我说得太绝对——照你的意思，咱们员工就没法讲话了是吧？当然不是，完全可以讲。在什么时候讲呢？在讨论阶段讲。当领导把问题摆出来、集思广益时，我们就要积极地发表观点、见解，为领导出谋划策。这就叫作“见龙在田，利见大人”。这个时候，你若不讲，就是没有担当意识。

其实，很多人也不是不想讲，只是怕自己的观点不正确、论据不充分、讲得不到位，从而被领导小看、被同事耻笑。可问题是，如果大家都不讲，领导又怎能做出周密合理的决策呢？总不能“一言堂”吧？

但领导一旦拍板了，组织一旦形成决议了，我们就要将个人意见统统放下，坚决拥护领导的决策、服从组织的命令！这才是对“职场无对错”一语的正确理解。

二、在接受领导的指示时，态度要到位

正因为领导有领导的正确所在，那么接下来，在领导向我们交代工作、下达指示的时候，对于某些细节，我们就要注意和把握了。首先，在被领导叫到的时候，我们要快速响应；其次，要随身携带纸笔以备随时记录；而且，记录时要认真专注。比如单位里开大会，你不妨提前十分钟到场，尽量选靠前的座位坐，这样比较容易被领导注意。

而且，你若坐得靠前，万一领导来得早，看到你，随便问你几个问题，你应对得好了，不就能顺势进入“名单”了吗？

等会议开始了，台上的领导开口讲话了，你要面带认真的表情，看着他。而且，你不但要表情专注，还要勤记笔记。有机会的话，你在会后不妨就刚才笔记中不太明白的地方，再向领导提几个问题。这样多坚持几次，说不定你就被提拔了。原因很简单：每个领导（尤其是那些新来的领导）在台上讲话的时候，尤其是讲到一个新的观点、新的主张的时候，他会一边讲，一边仔细观察——他在寻找“支撑点”。而那种表情专注、勤记笔记并能提出问题的人就是“支撑点”，自然能留在领导的“名单”里。相反，那些不在领导“名单”里的人，即便在领导讲话时玩手机，领导也未必会对他点名批评——领导若点他的名，说明领导的“名单”里还有他，所以希望把他拉回来。

有一次，单位开大会，领导在台上发言，我照例坐在显眼的位置上，但因前一天晚上加班筹备会议而休息不足，我一时把

持不住，竟然迷迷糊糊地睡过去了。领导在台上一声断喝：“林峰！”我惊醒了，见全场几百号人的目光都冲我聚集过来，尴尬至极。领导还是给我留了情面：“我刚刚说的，你应该听明白了吧？”我赶紧说：“是的是的。”算是自己找台阶下了。

出现这种情况，多半证明领导还是在乎你的。但很多时候，领导虽然看到你在玩手机，却装作没看到，为什么？因为你不在他的“名单”里，他对你根本就不关心，所以你干什么他都无所谓。

三、李广是不是听话的人

现在回过头来看李广。说真的，李广不怎么听话。李广为什么会自杀？当时，经过了文帝、景帝两朝的“休养生息”，到了武帝时代，汉朝国库充盈，国力强大。年轻的汉武帝血气方刚、雄心万丈，一心想平定西域，彻底消除匈奴对汉王朝北部边陲的威胁。经过了几轮大规模的出击后，他又拜大将军卫青为主帅，策动了历史上著名的“漠北之战”。而李广也觉得这可能是自己人生中最后一次封侯的机会了，因为他当时已经60岁了。于是，他就专门跑到卫青那里，想谋得前将军一衔，但是卫青没有答应他。为什么不答应？史书上是这么记载的：“大将军青亦阴受上诫，以为李广老，数奇，毋令当单于，恐不得所欲。”意谓汉武帝曾经在私下里和卫青交流过很多细节，并嘱咐他说：李广一定会来向你谋取重要的职务，但你千万不能让他在前锋独自抗击单于，因为这个人年岁已老，万一有闪失的话，会挫了我军的锐气。而且，他运气也不好。“数奇”，就是这个意思。所以，卫青不能让李广做前锋，当然，他也不能向李广挑明这是武帝的授意，只能反复申令，让李广在大军右路负责策应和包抄。

结果，李广一气之下就带着自己的部队仓促地向右路进军了。但由于迷路，他错过了和卫青所率大军形成合围的机会。卫青在“漠北之战”中碰巧遇到了单于的主力部队，最终大破敌军，使单于丢下自己的部队仓皇逃跑。从哪边跑的呢？从本应由李广镇守的右路跑的。所以，李广不但没有立下功劳，反而铸下大错。

战后，卫青派自己的长史带着酒和肉去李广的营地探视，想了解一下事情的经过，以便向皇帝汇报，但李广负气不见。于是，长史就把酒肉放下，跟李广手下的那些校尉讲：“李将军现在还在气头上，等他气消了，你们还是要陪着他去主帅那里做个笔录。”

长史走了以后，手下人看李广的气慢慢消下来了，就陪着他去卫青大营做笔录。但李广走到营外，死活也不进去了。他对手下人说了这样一席话：我李广也曾为汉朝打了大大小小七十余仗，立下功劳无数，可至今不但未被封侯，而且还要去面对那些刀笔小吏的盘问，我受不了这样的屈辱。说罢，便拔剑自刎了。一代名将溘然长逝，留得千百年来后人的叹息：时运不齐，命途多舛。

但是，假如李广是个听话的人，领导让他镇守右路，他就老老实实地服从领导的调遣。这样，那边卫青击溃了匈奴的主力部队，单于往他所在的右路溃逃，正好被他逮到，亦可算奇功一件，封侯又岂是难事？

再则，如果李广平时能和领导保持一种正常、畅通的沟通模式，经常找领导汇报汇报工作、交流交流思想，你们想，卫青是不是一定会把所有的利弊关系向李广推心置腹地分析透彻，把来龙去脉给李广讲明白，并说服李广跟着自己的大军行动？正是因为李广平时疏于和领导交流，跟上面的领导都很见外，致使卫青并没拿他当自己人看，故而只能站在一个领导的角度，给李广下个“简单粗暴”的命令，最终将李广逼上绝路。可见，一个下属能够跟领导保持一种无话不讲的良好关系，是多么重要的事。

四、完成任务不等于获得结果

以上我所讲的，基本上是我们怎样去听领导的命令，概括成一句话：一定要把领导的命令彻底听清楚。这样，后面的事情也就简单了，即坚决完成任务！但是，大家要注意，完成任务并不等于获得结果。因为“完成任务”只意味着对程序和过程负责，即“做过了”；而“获得结果”则意味着对目标和价值负责，即“做好了”。“做过”不代表“做好”。

我曾经主持过一个营销部门的工作会议，因为只讨论营销方面的事宜，所以没有邀请各职能部门的经理都参加。但当讨论到一个涉及税务法的特殊问题时，我认为还是需要财务经理出面表个态，于是就让一个与会的同事去把财务经理喊过来。七八分钟以后，那同事回来了，跟我讲："报告领导，我去过了，财务经理不在。"然后就若无其事地坐下了。

我问他："我让你去叫财务经理，目的是什么？"

他回答："不是把他叫过来吗？他不在。"

我再问："如果他在，现在来了，那么我找他有什么目的？"

他答道："哦，就是问问他，对于这个问题，这么处理可不可以。"

我说："对呀，既然你知道我有这样的目的，那么你发现他人不在时，应该怎么做？打个电话可不可以啊？你若对我这样说该多好——领导，我去过了，财务经理人不在，但我已经在电话里帮你把这件事情打听清楚了，他认为这样操作完全可以。这样，你才算是获得了结果。领导要的是结果，而不是你跑一趟回来随便汇报的经过。"

我另外的一个下属就大不一样了。我们以前都在集团总部大楼办公，后来由于机构肿胀，一些独立核算的单位就被要求自己到外面租房办公了，所以各方面一时头绪纷杂，配置什么的也不太到位。我们租的写字楼有个会议室，平时每个周一的下午，我一般都要用它来开管理例会，偶尔也会有兄弟单位临时借用一下——前提是我不用。

有一次，出了一个特殊情况。那是个长假结束之后上班的第一天，虽然已是周三，但是我觉得当下也有些重要的事情需要开个会讨论一下。于是，我对那个营销部的负责人说："你通知一下各部门经理，下午的会议照常开。”但当我偶然路过那个会议室时，却发现会议室门口的信息板上已有登记，另有一家兄弟单位也将于下午在这里开会，这就麻烦了——时间冲突了。回到办公室后，我把那个经理叫回来，说：“你别打电话了，干脆跑一趟吧，这样显得我们尊重他们。你去问问兄弟单位的领导，他们下午会议的时间有没有调整的可能性？如果能调，则最好不过，如果实在不能调，咱们再想别的解决方案。”

20分钟后，这个经理回来了，对我讲：“领导，他们开会的时间调不了，因为现在这个点，他们的参会者已经都在来杭州的路上了，更改时间是来不及的。当然，问题也不大，因为他们领导听说我们不太方便，便临时决定租用宾馆会议室当会场！”他还特别补充道：“我当时对他们领导说，‘你们用吧，我们自己再想办法。’但他不同意，说他们不是没有费用，只是想省省而已，既然咱们自己也不方便，那么与其让咱们为难，不如他们干脆租个宾馆会议室，等下次咱们不用的时候，他们再借。所以，我们下午可以照常在会议室开会！”

获得结果了吧？还没完呢。他接着说：“我又专门去了一趟行政部，就这件事情与行政部的经理沟通好了，请他以后在其他兄弟单位想要借用我们这个会议室时，一定要注意避开两个时间点，一是每个周一的下午，二是每个重要节假日后的第一个工作日的下午。所以，请领导放心，今后不会再有这类事发生了。”大家看看，这个员工的能力素质过不过硬？我想，如果领导手下都是这样的员工，那么领导一定会非常舒心。

当然，我们也不要去幻想自己手下的员工个个天生就有这种能力，那么该怎么办？宣传啊！所以，在下午的会议开始之前，我就拿这件事情做了点文章，把效果放大：“各位，虽然今天我们能够坐在这里正常地召开本次管理会议，但这中间其实是有波折的。”然后便将此事的来龙去脉对与会者讲了一遍。讲完以后，我问：“你们觉得张华飞做得怎么样？”与会者皆不约而同地连声称是。

我又问：“好在哪里呢？”

旁边的一个干部站起来发言：“好在有结果啊。领导您在各种场合都曾反复地向我们强调‘办事要有结果’。而且你们看，他想领导之所想，急领导之所急，针对领导布置的工作，想出了一系列行之有效的解决方案。”

你们看，这个总结还是比较到位的吧？我看大家也都比较认可，就顺水推舟：“对，我就是这个意思，大家掌声鼓励！”掌声一起，就代表着我们团队内部的员工今后都要参照这样的标准来办事。所以，要做好一件事情，你就必须取得好的结果，而不只是停留在口头。说实话，判断一个人努力不努力、尽力不尽力，真的没有标准，而没有标准的东西，你让你的领导怎么把握呢？这只能靠你自己去把握了。但是，有没有取得结果则是能一眼看清的，也是易于为领导把握的，所以，你只需向领导展示结果就好。

五、李广是否呈现出了好的结果

到目前为止，我们从“初九”一直讲到了“九三”，主要讲的是目标明确、积极主动、服从指挥，以及善于有效地获得结果。

根据这一点，我们可以再来思考一下李广为什么会一直不得封侯。其实，他也非常努力，但问题是他一辈子都没能呈现出一个好的结果。如果说，在文帝、景帝年间，他缺乏机会的话，那么在武帝时代，汉朝对匈奴持续用兵，很多人都乘时立功封侯，为什么唯独李广不遂其愿？在很大程度上，这和他没有获得好的结果不无关系。仔细翻看那段时期的史书，大家就可以发现，李广虽然身经百战，但他每次带兵打仗，不是他的部队被匈奴全歼了，就是他自己被俘虏了，再不然就是迷路了——他缺乏一个实实在在的、有说服力的好结果。其实，就算在景帝时代，不是还有“吴楚兵变”吗？这对李广而言，也是建功立业的大好机会啊。而且，其实李广本有封侯的希望，但由于他没能把握好一件事情，希望最终落空，这其中的具体原因，我在后面再和大家详谈。总而言之，正因为他始终没能呈现出好的结果，所以他只有抱憾终生了。

读者们请注意，我们讲到这里，其实还停留在事物发展的初级阶段，那么在这一初级阶段，我们工作的首要目标就是守住“基本盘”，也就是取得我们应该取得的结果——只有夯实基础，才能再谋进一步的发展。那么接下去，我们就要碰到一个坎，这个坎就是“九四”：“或跃在渊”。正像笔者开篇时所讲的那样，任何事物发展到某个阶段，都会遇到这样一道坎，跃得过去的人便如“飞龙在天”，迎来一片无限高朗的发展天空；而跃不过去的人则“终日乾乾”，始终处于一种周而复始的死循环中。那么，如何跃过这道坎呢？让我们进入下一章节。

第四章　九四：或跃在渊，无咎

现在，让我们调整心态、聚集精力，向“九四：或跃在渊，无咎”这道坎发起挑战。但是，这里却有一个问题：在乾卦初级阶段的“初九”“九二”“九三”，乃至高级阶段的“九五”“上九”中，《易经》都给了我们具体的指导思想，如“初九”的“潜龙勿用”，“九二”的“见龙在田，利见大人”，“九三”的“君子终日乾乾，夕惕若”，“九五”的“飞龙在天，利见大人”，“上九”的“亢龙有悔”。唯独在“九四”这里，《易经》只给我们揭示了一个现象，却没有给出方案。从字面上理解，此句话意谓到了这个阶段，人们很可能会跌进一个深渊，即便如此，却并无妨害。可既然没有妨害，那为什么有这么多人、这么多组织会受制于瓶颈而无法有效地将其打破呢？我认为此处是存在问题的，只是《易经》没有明说。所以接下来，笔者会尝试着和大家讨论：怎样去打破这个瓶颈。

一、瓶颈的产生原因

我们要打破一个瓶颈，首先得知道这个瓶颈是怎么产生的，就好比医生看病要知道病理一样。我们在职场发展的道路上为什么会遇到瓶颈？原因其实很简单，因为我们以前一直在学习、吸收、积累，一直在储备，这相当于向手机里充电。等其达到了一定的电量，我们觉得可以了、能用了，就可以把它揣在裤兜里带出门了，这就相当于一个人步入社会、走上工作岗位了。那么在这个阶段，我们现有的知识与能量会不断地消耗，等消耗到某个临界点的时候，我们原有的知识储备就会难以为继，而我们原来的知识结构和能力配置也会达到一种顶级状态。这个时候，如果我们要向更高的层次发展、要去承担更重的工作任务的话，就必须将我们的知识结构和能力配置更新、升级。

这好比我现在用的那台笔记本电脑，是我五年前花了3000多元买的，用了这么多年，只加过一个内存条。为什么我一直不换？因为它稳定，这些年来没出过任何问题，这就是我倚重它的原因——经常在全国各地做培训，万一电脑坏了，就麻烦了。但这种电脑有什么用途呢？用它来打个字、发个邮件、放个投影什么的都没有问题，但你要拿它去玩我表弟玩的那些游戏——《仙剑》《诛魔》之类的，相信只要你把光盘放进去，再一点“运行”，它就会出现各种故障，甚至“死”给你看。那么，你要用这样的电脑玩那样的游戏，是不是必须将它的配置做一些升级？比如说将内存条加足，看行不行？不行的话，能不能换换显卡？中央处理器是不是得换成主频更高一点的？若再不行，你就干脆把这台电脑换了吧，为什么？因为它不是这块料。这也就说明我们希望单靠“吃老本”就轻轻松松、简简单单地打破瓶颈的想法，不太现实。

其实，我们一直都没有轻忽学习。我们从小学读到初中，从初中读到高中、大学，甚至有很多人读到了博士。我们觉得自己有很多知识，其实未必——我们只能说自己有信息，因为很多为我们所了解的东西，实际上都是一些信息层面的东西，虽然你也能说出来个子丑寅卯，但让你去实践、运用，你却发现“百无一用是书生”。这其中的原因就在于我们以前所学的很多所谓的“知识”，其实是错误的、过时的、矛盾的。

比方说，我们都知道鱼的肚子里有一个鱼鳔，这个鱼鳔有什么作用呢？有人说这是鱼用来控制自己沉浮的，据说潜水艇的制造就来自人们对其原理的借鉴。那么行，我们来推演一下：如果一条在水面游动的鱼觉得水底更好玩，它会怎么做呢？把鱼鳔里的空气挤出就行了。但如果它到水底后又觉得水面上更好玩，又应该去哪里找空气呢？水里虽然也有空气，但含量是很低的，完全不能满足鱼鳔容量所需。所以，鱼的上浮和下沉，其实是依靠摆动的鱼鳍与鱼尾。那么，这个鱼鳔是干什么用的呢？其实，它随鱼的长大而长大，从而控制这条鱼的整体比重，使之和周围水域的比重保持一致，这样，鱼就可以比较轻松地悬浮在这片水域中了。由此可知，人们之前的说法是一个错误的信息。

还有很多信息，虽不算错误，但也已经过时了。我在培训课上经常问学员一个问题：大家都煮过水饺、汤团和馄饨，煮这些东西的时候，有一个重要的技术性细节——要往锅里加什么？学员们异口同声地回答：加凉水。我再问：加几回呢？依旧异口同声地回答：加三回。我接着问：为什么要加呢？这时候，学员们就答不上来了，因为他们从来没有思考过这个问题。正是因为他们没有思考过这个问题，所以这里面可能就有点问题了。煮这些东西时要往锅里加凉水，这是前人口口相传的一个操作技巧。为什么要加凉水呢？而煮面皮、煮面条、煮面疙瘩时，需不需要加凉水呢？不需要的。这说明什么？说明加不加凉水其实与面里有没有馅是有关系的。当一锅水沸腾、滚得很厉害的时候，水其实是在做高频振动的，这时你如果不抓紧使其振动减弱一点，那么面皮就会被振破，里面的馅就会掉出来，而你的馄饨也就变成肉丸面皮汤了。所以，加一瓢凉水的目的就是让水既保持一定的温度，又不至于振动得太过剧烈，同时，在这个过程中，饺子、馄饨也就被煮熟了。前人在总结这条经验的时候，所用的生产工具都是柴火灶，当灶锅中的水滚得很厉害的时候，最佳的解决方案就是随手舀一瓢凉水兑进去。从前，我们之所以看到很多农家的柴灶旁就放着水缸，正是因为在那个时代，这是最好的解决问题的方案。但随着时代的进步，我们现在都已经用上了各式各样的燃气灶了，而燃气灶上都有个火力控制开关，当你想让那水滚得不那么剧烈时，只要把火调小就行了，既方便又节能。如此一来，我们为什么还要加凉水呢？过时啦。

我小时候学过这样一个成语，叫作“刻舟求剑”。当时，我觉得这个成语故事实在荒诞，因为现实中不会有这么笨的人吧——宝剑掉进水里，他不赶紧去打捞，反而在船舷上刻了个记号，等到船靠岸了，才在岸边顺着这个记号去摸他的宝剑。这不是太笨了吗？但在若干年后的某一天，我突然醒悟了，这个成语说的不正是我们吗？你看，我们的炊具就像是这艘船，早已与时俱进了，可我们还在因循着陈旧的操作方式，不正是“刻舟求剑”吗？所以，咱们的古人真的是很聪明，早在千百年前就料到自己的子孙后代会犯这样的错误，故而编出了这样一个成语故事来揶揄、启示我们。可见，信息是会过时的。

还有很多信息，它们既不是错误的也不是过时的，它们是矛盾的。比如古人经常说，大丈夫贫贱不能移，威武不能屈；但有人又说，能屈能伸的人才是真丈夫！那么我们到底是屈还是不屈呢？有人说，明知山有虎，偏向虎山行；但也有人说，君子不立于危墙之下。那么我们是行还是不行呢？有人说，早起的鸟儿有虫吃；可有个捣蛋鬼却说，早起的虫子被鸟吃。那么我们到底是早起还是不早起呢？我们学过一个概念，叫作“二八理论”，是说这个世界上 80% 的财富掌握在 20% 的富人的手上，而一家公司中 80% 的销售额是由 20% 的重点客户创造的。根据这个理论，我们平时在工作中，要把工作重心放在那 20% 的重点事项上，这才靠谱。第二天，另一个老师说：同学们，今天我们学习“短板理论”，即“水桶理论”，是说一只水桶的最大盛水量是由它最短的那块木板决定的，其他的板再长都没有用。这启示我们，在平时的管理过程中，要把重心放在那些最薄弱的环节上。大家学会了吗？你可以说这两种理论都学会了，但你去用用看呢？你会发现自己还是不会用。

正是由于上述的诸多原因，我们才应该意识到：不能将信息与知识等而视之。那么，究竟什么是知识？知识是人们在驳杂的信息中搜集、整理、汇总，最后提炼出来的一种规律性的东西。“知识”一词由两个字组成，一个是“知”，意谓我们首先要获知这些信息，因为获知的信息越广泛，我们就越容易总结出其背后真正意义上的知识。但是，如果你“知”而不“识”，就会如“茶壶里煮饺子——有货倒不出来”了，即虽然也知道个一鳞半爪，却依旧百无一用。

所以，从这个角度来讲，信息不等同于知识；同样，知识也不能被简单地理解为文化。曾有新闻报道，一位大学教授遭遇电话诈骗，被骗金额高达一千多万。网友都表示诧异：大学教授的文化程度这么高，而骗子却少有学历高的，教授怎么能被骗子骗了呢？的确，人家是教授，是历史系的教授，也就是说，在历史学这个范畴里，她可能有很多知识，但若超出了历史学这个范畴，她会什么都精通吗？就诈骗这个领域来讲，骗子们个个是“精英”——他们天天琢磨骗术、研究人的心理，使“骗术科研成果”推陈出新。跟他们玩，你玩得过吗？

更不要说那些专业知识水平很高但思想品德境界低下的人，我们能说这样的人“有文化”吗？在机场动手扇工作人员耳光的博士生有文化吗？在校园里殴打清洁工的海归教授有文化吗？不配！他们顶多有点知识而已，我们不要玷污了“文化”一词。

所以，从这个角度来看，《易经》不是没有给过我们破解疑难的思路，其实在“九三”中，就已经包含了突破“九四”困境的指导思想。大家还记得《易经》“九三”是怎么说的吗？“君子终日乾乾，夕惕若，厉无咎。”也就是说，一个有想法、想要有一番作为的人，既要在白天积极地开展各项工作，又要在晚上及时地反思、总结，使自己不断提高，并用总结出的理论来指导自己的实践。如果能这样做，他在“九三”中就不会有太大的问题，而且即便在“九四”中遇到瓶颈，也不难将之打破。由此看来，《易经》的逻辑还是严密的，只是我们自己没有读懂它的真正含义而已。所以，我们要对知识持一种敬畏心，因为在很多时候，问题能否被顺利解决，不在于我们有没有知识，而在于我们的认识水平高不高——谦虚才会使人进步。

为什么有些人成长得这么慢呢？因为他们的工作模式是这样的：白天在单位辛苦地开展各项工作，晚上回到家却彻底放空；第二天回到原地继续开展工作，晚上回到家再继续放空；第三天再回到原地继续开展工作……这种工作模式是一种周而复始的运转模式，所以其成长虽不是没有，却很慢。而有的人，他们白天工作，晚上却会整理各种材料，对以往工作中点点滴滴的经验教训做一些总结、反思和提高，并试图寻找其中的理论依据，所以这样的人就会成长得稍微快些。鉴于此，我们不但要能“知”，还要善“识”，只有这样，我们才能有效地打破瓶颈。

但“学海无涯”而“人生苦短”，你在“苦短”的人生中，怎么去解决“无涯”的问题呢？这个“渊”会不会太深了点？所以，早在两千多年前，庄子就发出过这样的感慨：“吾生也有涯，而知也无涯，以有涯随无涯，殆矣！”看来，这的确是一个悖论，但是不是就没有办法了？不是！接下来，我就给大家介绍一个非常有效的办法。

二、如何把握规律，打破瓶颈

现在，让我来给大家归纳一下，学习的过程其实可以分成四个发展阶段：第一个阶段是“不知不觉”。比如有些大学毕业生，觉得自己什么都懂、什么都学过。这种情况其实可以被称作“不知不觉”。第二个阶段是“已知不觉”。比如他们开展起工作了，在处理一些具体事务时碰了鼻子了，这个时候，他们就醒悟过来了——原来自己还有很多东西是不怎么明白的，从而也就意识到自己有不足之处。第三个阶段是“已知已觉”。这时，他们谦虚下来了，开始请教同事、师傅，并上网去搜资料、做研究了……慢慢地，他们就把一些不太懂的东西搞清楚了，同时也就知道以自己的能力，大概能够解决什么范围的问题了。但这还没有到头，因为学习的至高境界是“不知已觉”，意谓一个人之前虽然没有怎么接触过这类事物，但他也能大致解决这个范畴的问题。

给大家举个例子，有这么一档电视节目，叫“汉字听写大赛”，第一届的总冠军名叫陆佳蕾，她是杭州外国语学校的学生。在所有的选手中，这个学生的阅读量不是最大的，知识面不是最广的，反应也不是特别快的，所以老师并不很看好她，而是看好另外几个男同学，因为他们的知识面、反应速度都更出众，只是因为每个学校都有四个参赛名额，所以老师也就把她带上了。但没想到的是，这位陆佳蕾同学却在比赛中过关斩将，力挫群雄，一举夺魁，因为她写出的那个词难倒了其他选手。这个词是“婉娈”，用来形容一个人年少貌美的样子。看过此节目的人应该知道比赛的规则，就是由主考官用非常标准的普通话给你发出一个词语的读音，同时告诉你这个词语的含义，要求你根据这两条线索，把这个词语写出来。“婉娈”这个词出现在《诗经》的《甫田》里：“婉兮娈兮，总角丱兮。”现在已经很少用了。陆佳蕾这个孩子的阅读量、知识面虽不是最大、最广的，但令人惊奇的是，她却凭借这个词夺得了冠军。

赛后，很多记者采访她，问她是怎样正确地写出这个词的。陆佳蕾同学说，她根据的是汉字组织结构的规律，说白了，是靠猜。当然，她也不是瞎猜，而是在把握规律的基础上进行推测。既然“婉娈”意谓年少貌美的样子，那么我们先看“婉”，大家想，还有什么带“婉”的词语？婉约，我们现在还在用吧？其实，这个词的难点还是在这个“娈”上。陆佳蕾就想，汉语中读 luán 这个音的字有哪些呢？山峦起伏的“峦”、孪生兄弟的“孪”、皇帝銮驾的“銮”、用作姓氏的“栾”。把这四个字放一起看，有没有规律啊？首先，它们都是上下结构，其次，它们的上半部分都是“亦”。那么，上半部分的字形就确定了。剩下的问题是下半部分该怎么写。她想，表示美好之意的汉字，常常是“王”字旁，或者是“女”字旁。只是“王”字旁的字，左右结构的比较常见，而“女”字旁倒是用在下面看上去更靠谱——她就是凭借着这种猜测，夺得了冠军。

所以大家看明白了吧，怎样才能做到“不知已觉”？最关键的就在于你要善于总结和把握规律。当你把握住规律后，你就可以利用已知的东西去大致推测未知的东西，这就叫作“不知已觉”。

我曾经在我办公室的窗台上养过一盆辣椒——这本是我们传达室的老头儿种的，我看着觉得好玩，他就送了我一盆，我便把它放在办公室的窗台上了。有意思的是，虽然是同时期培育的苗，老头儿的那盆已硕果累累，而我的这盆却只开花不结果。这是什么原因呢？我那间办公室的光照很不错啊。我想，会不会是我总关着窗户，没有虫子进来给它授粉的原因？本着求知的精神，我打算研究研究该怎么给辣椒授粉。结果上网一查，我得知辣椒属于自花授粉植物，也就是说，它不依赖昆虫授粉。

据此，我马上总结规律，然后再进行小心求证并据此来大胆假设。看来，这种开小小的、白白的、没有什么特殊香气的花朵的植物很有可能是自花授粉的，为什么？因为它不能招蜂引蝶。各位，世间万物在其漫长的进化过程中，应该都已经形成了一种比较经济的集约化生产生活模式，辣椒也是这样——既然我不需要招蜂引蝶，那我把花开得那么大干什么？我颜色这么艳丽干什么？我气味那么芬芳诱人又干什么？浪费不浪费！所以，你如果发现了这条规律的话，就再找几个例子，看看是否真的是这么回事，这就叫小心求证。以后你再去植物园玩，看到哪种不知名的植物，开着小小的、白白的、没有什么特殊气味的花朵，你就可以大着胆子说：这个植物看上去像自花授粉的！倘若旁边刚好有个园艺专家，听到之后，八成会说：这位游客，你的知识面还是挺广的啊，这种植物是我们刚刚从南美洲引进的，我们这边没有几个人知道，你是怎么知道的？——哈哈哈，我是猜的！

这就是“不知已觉”，这就是“超能力”。也就是说，我可以在对此类问题尚且陌生的情况下将其顺利解决，但前提是我要善于总结和把握规律。当我们把握了规律，我们就可以用已知的东西去大致推测未知的东西了，我们也就能够用“苦短”的人生去探索“无涯”的世界了。

但我们如何去总结和把握规律呢？我曾经在培训现场问一个打扮时尚的女孩子：“你家里有几双你自己的鞋子啊？”

她说：“我也不清楚。”

我说：“大致多少，不用精确。”

她说：“得有三十来双吧。”

我接着问：“那你平时经常穿的有几双呢？”

她说：“也就是五六双吧！”

大家看，这仿佛就是我们知识结构的使用状况：我们的知识存量大概有三十个单位，可我们平时经常用到的却只有五六个单位，大概只占20%左右。不得不说，这是对知识的极大的浪费！我们学点东西不容易，得花费大量的时间、金钱与精力，但我们学到的那些东西，很多都藏在我们大脑皮层某个深深的沟回里，虽然有时候会冷不丁地冒出来，但等你真正要用它的时候，它又不见了，这就导致我们知识的整体调用效率极低。

那么如何改善这种情况呢？在这里，我给大家讲一个女艺人的事例。她是个“鞋子控”，只要见到可心的鞋子，就必须买下来。她认为那鞋上仿佛就写着她的名字，是为她设计的！所以到目前为止，她家里的鞋子已经有八百多双。

那个时尚的小姑娘有三十多双鞋子，可她常穿的也就五六双而已，那么一个艺人有八百双鞋子，你说她怎么穿得过来？但那位艺人却说，她对每双鞋子都了如指掌，而且可以将这些鞋子穿遍。她在一档综艺谈话类节目中说，她对鞋子有特定的管理模式——先把所有的鞋子以春、夏、秋、冬四个季节板块分别收纳，对于其中的春鞋，她又以参加宴会的、户外运动的、和闺蜜上街购物的、出席典礼的四个功用板块进行收纳。而出席典礼的鞋子，又按风格被归入先锋的、时尚的、典雅的、怀旧的四个板块……所以，每天要出门的时候，她可以根据这样的管理路径迅速找到自己八百多双鞋子中的任意一双。这其实就是一种对知识的全脑调用模式，相当于打通了把握事物规律的路径。

其实，把握规律其实是简单的、有路径可循的，这就要求我们将自己的知识存储形式由“碎片化”的转变为“格式化”的。注意，我说的“格式化”是加引号的，不等同于对电脑C盘的格式化——那就麻烦了，文件全部没有了。所谓的“格式化”，意谓我们在学到一定程度、有了一定积累以后，就不要再碎片化地重复接收信息了，而应该把以往存储的信息不断地进行分类，在这一过程中，我们就可以发现这一类信息与那一类信息的区别，也就可以把握它们中间隐藏着的规律。大家看，当你从来没有把“峦孪銮栾”几个字放到一起来看的时候，你就真的永远无从体察到它们之间的规律，但是当你把这四个字放到一起来看的时候，你便会发现，规律还是显而易见的。而一旦把握了这些规律，我们就能“不知已觉”，通过已知的东西去探索未知的领域，与此同时，你的能力也会大不一样。

三、中国足球的问题和规律有关吗

笔者是一个热血球迷，什么叫“热血球迷”呢？就是说我最关注的是中国足球。有人说，中国足球有什么值得关注的？还不如欧洲五大联赛来得精彩。但我认为国足就好比是自家的孩子，就算成绩再差，你总不见得去疼隔壁家的学霸吧？终究是一边爱，一边恨铁不成钢吧？但正因为有这么个爱好，这些年来，我也的确饱受痛苦，所以每每看到这些球员在失败后垂头丧气地退场的样子，我总会产生一种冲动：我要研究研究中国足球到底出了什么问题。这个问题已经困扰中国体坛多年了，按说，从目前的整体实力来讲，中国已堪称世界一流的体育强国，2008 年北京奥运会时，我们甚至挟主场之利位居金牌榜榜首。但这个一流的体育强国怎么会孕育出这么一支不入流的球队呢，这也太反常了吧？

其实在我之前，很多人都尝试着解释过中国足球的问题，大致有以下几种说法：一种是“体制说”，即千错万错，都是体制的错。我觉得这不合逻辑，倘若这样，那为什么在同样的体制下，我们的乒羽项目、游泳项目、射击项目、体操项目都成绩出色，唯独足球不行呢？这说不通。

还有人说，我们的足球运动起步晚、教练员水平差。于是，我们开始迷信洋教练，从早先的施拉普纳，到后来的卡马乔、佩兰，但哪一个洋教练在真正意义上把中国足球带上去了？有人说，米卢啊。请注意，米卢适逢2002年韩日世界杯，日本、韩国作为东道主，是不参加亚洲区的预选赛的，这意味着在亚洲的五个参赛名额里，中国的主要对手日本、韩国不占名额，而当时的中国队在亚洲排名第五，所以是铁定能进的。而且，什么叫“带上去”？就是上去后不下来。可自从中国队磕磕绊绊地走了一回世界杯——一球未进，净吞九蛋，以小组垫底的名次被淘汰——之后，中国队就跟世界杯渐行渐远，甚至连亚洲区预选赛的决赛都已经有十多年没有机会进入，且其在亚洲的排名也跌到了第八、九名上。

终于，有人灰心了，说我国球员的身体素质不行，说我们东亚人种只适合技巧性强的运动项目，而不适合那种对抗性强的赛事。那我就纳闷了，我们暂且不和欧洲人比，就看看我们的近邻日本、韩国，他们也是东亚人种，身体素质应该与我们在一条水平线上吧？可为什么人家每届世界杯都能挺进？当我们的球员与身量比我们小一圈的泰国球员过招并以1 ∶ 5的比分败下阵来时，你觉得这还是身体素质的问题吗？

随着中国足坛的黑幕被揭开，终于有人明白了，原来中国足球成绩上不去的原因是足坛环境差啊。你看，足协官员收黑钱、场上裁判吹黑哨、球员赌球踢假球……成绩当然上不去啊。乍一听，像是有道理，但我仔细一想，又觉得不对。为什么呢？因为就踢假球而言，中国队不是始作俑者。稍微了解点世界足球史的人都知道，世界上踢假球最猖獗的，就是当年黑手党控制下的意甲足坛，直到很多案子被侦破后，大家才恍然大悟。可人家既然有本事把一场假球踢成经典赛事，真球就不见得踢得差啊——意大利队基本上可算是世界杯决赛舞台上的“男一号”。而中国队呢？踢假球则会被淘汰。我记得那是2006年世界杯足球预选赛亚洲区第四小组的最后一轮比赛，为了谋求出线名额，中国队和中国香港队联手作假。当时，组委会为了保证比赛公平，让这场比赛和同组的另外两支队——科威特队和马来西亚队的比赛同时开哨。但那场比赛的裁判在下半场时，提前了五分钟开哨，又提前了五分钟结束，留下五分钟的时间让中国队决定多赢中国香港队几个球，结果中国队虽一口气猛灌中国香港队七个球，以7∶0大胜，但仍然被淘汰了。为什么？算错了。比赛结束后，中国队和科威特队不但积分一样，而且连净胜球也一样，但科威特队的总进球数比中国队多一个——中国队因而被淘汰并沦为国际足坛的笑柄。既然踢假球都能被淘汰，那么你还踢什么假球呢？

我的思考方向与以上几种不一样。我不研究个体，因为个体的偶然性太强，没有什么统计学意义，无法进行格式化处理。我研究的是群体。我要看看世界上的那些足球强国、世界杯32强的常客，到底有哪些地方和我们不一样，或许我能从中找到破解问题的思路。

于是，我对世界上足球水平最高的国家做了罗列，从足球的发源地欧洲：英国、法国、意大利、德国、西班牙、葡萄牙、荷兰等等；到美洲：巴西、阿根廷、智利、乌拉圭、巴拉圭、墨西哥——南美无弱旅；再到非洲：老牌劲旅尼日利亚、喀麦隆，新贵塞内加尔、科特迪瓦，与号称“法国二队”的塞内加尔；最后是亚洲：日本、韩国、沙特、伊朗；除此之外，还有大洋洲的澳大利亚。

当我将这些国家在地图上标注下来以后，我马上注意到这些国家有一个共同点：要么曾经是海盗国家，要么曾是这些海盗国家最早的殖民地。你看西班牙、葡萄牙、英国、荷兰，再看我们的近邻日本，能很容易地发现一个现象：沿海地区的国家，足球水平都还不错，而地处内陆的国家却不行。

看过了国际大环境，我们再看看国内小环境。在中国足球职业化以前，曾经有支强队统治了中国足坛长达十年，并连续十年获得全国冠军。什么队呢？以大连球员为班底的辽宁队。大家不妨找张地图看看大连在哪里——在整个辽东半岛的尖头上。一看就知道祖上是靠海吃饭的。

把握了这条规律以后，要解决中国足球的问题就简单多了。有个最笨的办法：招球员之前先“政审”。“来，这位队员，你祖上是干什么的？种田的是吧？很抱歉，我们不能录取你。”“来，这位队员，你祖上又是干什么的？打鱼的是吧？来，欢迎加入集训队，我们先练练看。”你们相不相信，就用这么一个笨办法，中国足球在亚洲范围内称个“王”、称个“霸”什么的并不难。

但是大家一定更想知道这是为什么——中国不也临海吗？不也有很长的海岸线吗？为什么我们的足球水平就提不上去呢？

中国的确有很长的海岸线，貌似也是一个海洋国家，但是纵观中国上下五千年的文明，则到底是一种大陆文明。我们几千年来过的都是面朝黄土背朝天的农耕生活，而小农经济的特点，用四个字就可以概括：自给自足。也就是说，在以小农经济为主流经济形态的中国传统社会中，人与人之间是不讲究合作的。我们不妨看看在长期的农耕生产生活模式的影响下，我们的处事模式是怎样的：

各人自扫门前雪，莫管他人瓦上霜。

鸡犬之声相闻，老死不相往来。

事不关己，高高挂起。

为什么？因为天塌下来，有更高的人顶着。

还有一句话，听上去挺励志的，叫“宁为鸡首，不为牛后”，励志吧？但反过来思考，这句话正好体现了中国人宁愿做自己狭窄世界的核心也不愿成为团队的螺丝钉的心态。

不过这些话还不是最经典的，最经典的是这句：夫妻本是同林鸟，大难来时各自飞。这句话深刻地揭示了在几千年农耕生产生活模式的影响下，人们在面对困难时各自为政的核心处理模式。中国的神仙文化也体现了这一点——不要以为神仙有多么厉害，你看八仙过海，也是各显神通的。

这种心态与处事方式也体现在足球场上：十一个人各踢各的。假如这位球员的祖辈都是农民，他又是球队的正印前锋，现在他的脚下若有球，他会思考些什么呢？进球得分，为国争光，光宗耀祖。所以他就一个人闷着头，带着球拼命往前拱。这个时候，他的眼里已经没有队友了，而他的队友们也在不远处默默地站着、默默地看着他、默默地祝福他，因为现在是他的事，等球到了我的脚下，那才是我的事。好了，那位球员一边带球一边往前冲，对方上来三个人同时包夹他，他冲不下去了，想到了传球。传给谁呢？上次有个学员回答：传给平时与我要好的人。我终于知道中国球员是怎么踢球的了——谁平时和我关系好，我就把这个光宗耀祖的机会留给他。那么，就算要传给那个交好的人，传球之前是不是先要观察？看人家给不给你这个机会？结果队友还没找到呢，脚下的球早就被对手断走了。所以，中国队踢球有这么三个特点，叫作一慢、二看、三通过——节奏很慢，失误频频，等踢到下半场时，球员和球员之间都是以一种埋怨的眼神对视："我刚才的位置这么好，你为什么不把球传给我？""你在往前穿插的时候，我配合你积极跑动，你为什么不把球分给我？""我已经跑上去了，你把球传给我身后的人到底是什么意思？"最终，大家各自闷头踢球而互不交流，球队成了一盘散沙。我发现了一个很有意思的现象：在足球赛的现场直播中，出现在特写镜头中的中国队球员在完成一个动作后往回跑时，眼睛经常是看着地面的。这一刻，在他的脑子里大概就只剩眼下的这块草皮了。

好了，现在我们来看为什么欧美球员天生擅长踢球。注意，我用的是"天生"这个词。因为当我们的祖先还在以各自顾各自的模式生产生活的时候，他们就一直坚持着一种海上团结协作的生产生活模式。假设他们在海上遇到了风暴，眼看船就要翻了，在这个时候，他们能各自逃吗？不能。因为在海上根本没有各自逃的可能性。既然没有各自逃的可能性，那么他们就只有一个共同的目标：把船保住！只有船保住了，每个人才有生存的可能性。于是，所有的船员团结起来，听谁的呢？听船长的！哪怕和船长有杀父之仇、夺妻之恨，这个时候也必须服从船长的指挥。大家协同起来，把眼下的困难扛过去，把船保住，只有这样，所有人才能幸免于难。这种延续了几千年的生产生活模式，自然会对他们影响深远。

所以，每个在球场上的欧美球员，无论他眼下有没有球，他的大脑都像一台高速运行的计算机，思考着离自己最近的五到六个球员的位置、他们可能的运动方向、自己队的前锋和边锋又在什么位置上、他们的机会点会出现在哪里，以及如果这一刻球到了自己的脚下，最佳的应对方案应该是什么……正是由于场上的十一个球员都在思考这样的问题，所以球一旦到了他们的脚下，他们就可以立即做出反应，快得就好像是没有经过思考一样。所以，我们看到那些欧美球队的球员在场上的三角短传几乎都是一脚出球，极其敏捷，就像下意识的反应一样。只是，我们常常将其理解为“配合默契”，这真是天大的误会。

我们中国足球队为了谋求球员之间的默契配合，每逢国际性大赛，必定提前两个月就开始集训，而集训的目的就是提高默契度。我看到过这样的报道：为了增强默契，球队会让两个有配合关系的球员住在一个房间。可两个月下来，在比赛中，我们看到默契了吗？照样是失误频频！而欧美的那些大牌球员，平时都在各大俱乐部踢球，俱乐部是不会提前两个月就把队员放回来的，而一般是在比赛的前一周，才允许他们回队。极端的例子是荷兰队的博格坎普，他是距比赛只有两天时，才回到国家队的，但人家在场上，单靠脚后跟也能找到队友——这是默契吗？显然不是，这是观念。

足球不是一个人踢的！既然不是一个人踢的，那么一个球员个人能力的提高就不是解决这个问题的关键。那么关键是什么？是每个球员都能将他的个人能力充分地融入这个团队，从而将这个团队的能力推向极致——这是对足球运动的真正理解。如果理解不了这个，中国足球的水平是永远提不上去的。为什么这么多洋教练来到中国，却解决不了中国足球的问题？我想，这是因为他们没有看到中国农业文明和欧洲海洋文明之间的核心差异，所以无法找到一个合适的发力点。

今天，我们在这里把这个问题分析清楚了，意义何在呢？那就是以后若再有任何问题出现在我们眼前，如果我们之前的考虑模式是：这个问题这么复杂，我该怎么办？那么今后我们要换一种思路：这个问题这么复杂，我能组织起多少人来一起解决它。这样，我们解决问题的能力可能就大不一样了。

当然，笔者无意诋毁我们的民族，我自己也是农民的儿子。源远流长的农耕文明赋予了我们国人很多良好的品质，比如吃苦耐劳、艰苦朴素、机智灵活，但是由于地缘因素的影响，我们身上的确少了一点合作的基因——不是因为我们不优秀，而是因为我们之前不需要。农业经济的鼎盛时期其实在唐宋年间就已经来到了，当时的中国是这个世界上最强大的国家。我看过一份资料，说宋朝时，中国的 GDP 几乎占了当时全球的75%，大家想想这是什么概念。但之后呢？我们基本上处于一个原地踏步的状态，特别是我们错过了近代工业文明所创造的大好时机，致使国家积贫积弱，亦使这百年间的历史成为一部不忍卒读的屈辱史。中华人民共和国成立以后，全国人民在中国共产党的领导下砥砺前行，不断缩小和欧美发达国家之间的差距。如今，历史又一次为我们提供了机遇，在伟大的中国特色社会主义建设中，我们需要敞开怀抱，展现出善于接纳、善于合作的胸襟，一起更新思维、做好准备，为中国梦的最终实现、为中华民族的伟大复兴贡献力量！

四、李广与时俱进了吗

好了，我们现在来研究一下李广为何难封。李广之所以难封，原因就在于他的故步自封、因循守旧。他的“当打之年”其实正逢文帝、景帝时代，那时，汉朝立国不久，国力羸弱，对匈奴一直持一种消极防御的战略思想。在这样的战略思想下，汉匈之间的交战基本上都是一些小规模的边境摩擦，保持着一定的克制。

正是由于“小战靠勇”，所以李广在那个时代还是有优势的。但武帝即位后，一心想平定匈奴，所以他需要的将领都是那些熟读兵书、胸怀韬略、能够指挥统御千军万马的，至于箭法的优劣，并不是考量一个将帅能力的核心因素。可是，李广却一直活在他一箭射进石头拔不出来的荣光里，以为凭自己的一技之长可以解决一切问题。

他的管理手段，其实也是非常粗放的。据《史记》中的记载，“程不识故与李广俱以边太守将军屯。及出击胡，而广行无部伍行陈，就善水草屯，舍止，人人自便，不击刁斗以自卫，莫府省约文书籍事，然亦远斥候，未尝遇害。程不识正部曲行伍营陈，击刁斗，士吏治军簿至明，军不得休息，然亦未尝遇害。不识曰：‘李广军极简易，然虏卒犯之，无以禁也；而其士卒亦佚乐，咸乐为之死。我军虽烦扰，然虏亦不得犯我。’”

当时的长乐宫卫尉程不识与李广一样，也曾任边郡太守并兼管军队驻防。李广行军作战，没有严格的队列和阵势，只是挑选水草丰茂的地方驻扎下军队，即可人人自便；晚上，军阵中一般也没有打更警戒等措施；一切往来的文书簿册也是能简则简。但李广会远远地布置哨兵探听敌情，所以倒也不曾遇到什么危险。

与之不同的是，程不识对军种编制、行伍队列、扎营阵势的要求则相当严格，在夜里也严格实行各种打更警卫措施，而文吏们处理各种簿籍档案极其严明，以致全军都得不到休息，因此他的军队也不曾遇到危险。

程不识对此做了如下评价：“李广治军简便易行，所以他的士卒安逸快乐，都愿意跟随他。然而敌人如果突然进犯，他们恐怕就难以抵挡了。我治军看似烦琐，但军容整饬，难寻破绽，故而敌人必不敢侵犯我。”由此可见，李广的管理模式其实是一种人治式的粗放管理，遇到管理模式也比较低级的对手时尚有胜算，可一旦遇到组织严密的强悍对手，往往就会败下阵来，这就是李广与匈奴作战屡屡败北的原因所在。

你看，《史记》中有这样的记载："广为人长，猿臂，其善射亦天性也，虽其子孙他人学者，莫能及广……终广之身，为二千石四十余年，家无余财，终不言家产事。"也就是说，李广这个人有天生的优势：他的手臂特别长，能把弓拉到一般人拉不到的弧度，所以射出的箭的力量特别大，这是其他人学不来的。而且，他四十多年来拿着两千石的俸禄，家无余财。司马迁写这些是为了突出李广的清廉，但是我们不妨从另一个角度来看：李广是六十岁时自杀的，那就是说，他在二十岁时就已经拿到两千石的俸禄了。两千石有多少？差不多就是当时汉朝官员最高的年俸——因为李广是未央宫的卫尉，位列九卿。这说明李广因为自己的平台好、本事大，所以前期的发展还是相当顺利的。但是，后来的四十年他在干什么？由于他没有及时地提高自己的综合能力，没有与时俱进，所以最终被时代慢慢地淘汰了。一个人被时代抛弃是非常可怕的，因为在时代的洪流中，个人挣扎的力量实在是太微弱了。

当今时代飞速发展，只最近五十年的科技成果就已超越了过去两百年的总和。在这样一个瞬息万变的社会中，我们要时刻保持一种紧迫感，抓紧时间吸收新知识来提升自我，踩准时代的节奏，跟上时代的步伐，不能落下一步，因为一步跟不上就会步步跟不上，那样可就真的"在渊"而不可自拔了。

第五章 九五：飞龙在天，利见大人

瓶颈一旦被打破，我们就来到了“九五”这个阶段——“飞龙在天，利见大人”，一片无比广阔的发展天空展现在眼前。这里，大家要特别注意：“九五”中的这个“大人”，与“九二”中的那个“大人”，意义是不同的。这时，一定会有更高一级的“大人”注意到你。那么在这样一个阶段，我们又需要掌握什么本领、秉持什么特质，才能顺利地被领导列入“名单”呢？

一、获得结果不等于挑战卓越

首先，我们对自己要有高标准、严要求，展现出超凡脱俗的工作能力，想人之不能想，为人之不能为。

我在可口可乐公司干了十年，当我离开那家公司的时候，我有两件事情可以拿出来夸耀。第一，我没有做过一分钱的坏账。与我同时期的很多销售人员，坏账都做过不少，而我一分钱的坏账也没做过，这背后就是两个字——“责任”。第二，我首创了一种非常有意思的销售模式。可以说，可口可乐在全球卖了一百多年，从没有以这种方式销售过，而这种销售模式却被我想出来了。

玻璃瓶装的可口可乐其实在以前卖得相当好，也非常普及，后来为什么突然就不行了呢？因为一种更先进的设备——现调机出现了，其全称为“现场调制机”，俗称“纸杯机”。在这种现调机推出以后，玻璃瓶装的就卖不动了——因为不方便，消费者得现场喝，喝完了要还瓶子，还了瓶子才能走人。但有了现调机之后就不一样了，你花两块钱买一杯，随走随喝，什么时候喝完了，找个垃圾桶把纸杯一丢就完事了。所以在当时，这种现调机很受追捧，很多商家都找门路托关系，希望能装上这么一台机器。

随着现调机的普及，玻璃瓶逐渐在零售终端消失。大量的空瓶箱被退回公司，堆积如山。面对此种情况，公司急需找到一种全新的销售模式，让玻璃瓶这种产品包装重焕青春！但他们想了很多点子，比如学校渠道、网吧渠道、餐饮渠道……却都没能有效地解决问题。最终，这一难题被我一招破解：与那些遍布大街小巷的送桶装水的水站合作，让那里的送水工把这种以箱为单位的瓶装可乐直接卖到消费者家里去。24瓶装的一箱仅卖21元钱，平均每瓶1元钱都不到。而且，消费者还能拼箱，可乐、雪碧、芬达三种口味可以自由组合，反正价格是一样的。喝完之后，只需一个电话，就有送水工上门来换，与那种桶装水的服务模式一模一样。所以，公司与送水站合作是最合适的，因为他们几乎不需要其他任何投入就能上马。

十多年过去了，我现在还能回想起当年我回访一个建立合作关系才一个星期的水站时的往事。水站的老板说卖不动，要把货退给我。当时年少气盛的我二话不说，当即从他那儿拿了一瓶可乐，说："我卖给你看。"就出门穿过马路，到了对面——当时杭州最高档的商住楼，乘电梯直达顶层，然后再逐层走楼梯下来，看到开着门的办公室就进去推销。两个小时以后，我回到水站，拿着六份订单给那老板看，说："这不是简单意义上的六箱货，而是六个客户，只要你维护好了，以后他们会源源不断地问你要货。现在，你再回答我一次，这好卖还是不好卖？"那老板当时就被镇住了。这是何等快意啊！

算了，好汉不提当年勇，我还是讲讲我的一个合作伙伴、一个水站的老板——陈连明吧。这么多年过去了，当初那些合作伙伴的名字我差不多都忘记了，唯有他的名字我始终记得。当时，在我将这样的销售模式确立起来、将合作网络布建完毕以后，为了使广大消费者能够更快地了解这样的销售模式，我就印了一些精美的彩色传单，分发给每个水站的老板。我告诉他们：你们的送水工在每天走街串巷送桶装水的时候，记得带些传单出去，挨家挨户地派发一下，好让消费者知道可口可乐有了这种新的销售模式。如果他们觉得价格靠谱、购买方便，就会打电话找你了，因为传单上印着你的电话号码。

一周以后，我下去检查工作，发现他们执行得不错，广告纸都发下去了。我就问他们效果如何，他们都说挺不错，因为生意已经陆陆续续地上门了。

但有一家水站令我心生不满，因为我发现竟然还有一半的广告纸摞在墙角。于是，我就问水站老板："你为什么不抓紧发？"

他一边递烟一边说："发的发的，我们在发的。"

我说："可人家那儿都发光了，你这里怎么还剩那么多？"

他说："那可能是因为我们没有在一、二、三楼发，而是只发了四、五、六、七楼。"

我当时年轻，脾气也急，就说："一、二、三楼的为什么不发？难道他们就不是客户了吗？我要求的是挨家挨户地发呀！"

他说："你别急呀，听我好好跟你讲。你们这个传单的效果还是很不错的，我们大致统计过，在这附近一带，十张传单发出去，过会儿就会有一个电话打过来，也就是有百分之十的成功率，成效相当显著了。只因你给我的传单数量有限，而且你当时也没说以后会源源不断地提供，所以我们只好省着发。要是你能持续提供的话，我就马上发，而且一个上午就能发光。就因为我们手中只有这么多传单，所以我就和工人们商量怎样才能用好它们，最终我们决定一、二、三楼先不发，专发四、五、六、七楼。你想，我们送货的工人们陆陆续续地从一、二、三楼路过，一、二、三楼的人会看不到？他们看到了，如果感兴趣，自然会问，这一问，我们的生意不是照样来？反正我们是划区域特许经营的，谁也抢不了我的生意是不是？我就是以这种方法，更好地利用你的广告纸啊！"

这回轮到我被镇住了。这一刻，我突然明白了为什么同样的资源在不同人的手上，会产生不一样的结果。因为总有这样一些人，他们不会简单地将"获得结果"作为他们工作的终极目标，而是始终在考虑自己有没有可能去挑战卓越。什么叫"飞龙在天"？这就叫"飞龙在天"！你觉得已经完工了，他却还在完善；

你觉得可以交差了，他却还在努力——谁也无法阻挡其精益求精的工作劲头。这已经不单纯是一种能力了，这已经成了一种追求，像艺术家对艺术那样孜孜不倦的追求。

二、手艺的“艺”字就是艺术的“艺”字

艺术家的追求又是怎样的？让我来讲一件发生在我现实生活中的事。我的生活作风还是很俭朴的，我有一双皮鞋，算名牌，买的时候也还不便宜。因为开车时经常要踩油门与刹车，所以天长日久，这双鞋鞋底的相应部位已经被磨得很薄了，再穿下去可能就要透了、废了。但是我看那鞋的鞋面什么的都还行，如果花个几十元钱去打个鞋底的话，这双鞋又能穿好久了。于是，我就把这个想法告诉了我妻子，让她帮我去打个鞋底。但她却说：“现在谁还打鞋底呀。你又不是没钱，鞋穿坏了，我陪你去买啊。你也不要老认着一双鞋穿。”我有个不太好的习惯——喜欢认着一双鞋穿。妻子说：“你老穿同一双鞋子，自然容易穿坏。”

央求无果，怎么办呢？我只能亲力亲为了。于是，在下班后，我就去补鞋了。我去的那个地方，平时沿街一溜有五六个鞋匠，我那天去的时候已是傍晚，其他的鞋匠都已经收摊走人了，只有一个鞋匠还戴着老花镜在磨他的那把刀，正所谓“工欲善其事，必先利其器”。他见来生意了，很高兴，拿起小马扎，拍掉上面的尘土，递给我，然后接过我的鞋子掂在手上，横看看竖看看，抬

头对我说："兄弟啊，你这双鞋的皮子真不错啊！"我私以为他对所有顾客都会这么讲，无非是为了讨其欢心。

直到他开始动手修鞋，我才发现这个鞋匠和一般的鞋匠不一样。他很健谈，而且总能找到不同的话题跟你聊，见你对这话题不感兴趣，便马上换个话题再聊，主要是怕你等在那里觉得无聊。他说："兄弟啊，在这条街上，论补鞋，我是首席。经我手补过的鞋子，没有一双返工的。上回有个大姐来找我，说我补的鞋子脱胶了。我一看就知道那不是我的手艺，但是我二话不说，免费帮她把鞋补了。补完后，我对她说，这才是我补的鞋，回去穿穿看，要是觉得好，以后认准了我。"我觉得这个鞋匠还是有点意思的，便随口应和了他几句。

补鞋的过程中有一个环节，就是要等那胶水干一干。这时候，鞋匠没事干了，就把手伸到胸前的兜里，掏出一包烟——20多元钱一包的"利群"，自己抽出一支，又问我要不要也来一支。当时，我觉得这鞋匠的消费水平有点高，因为在我的概念里，一个补鞋匠抽个五元一包的烟也就差不多了。毕竟，生活多么艰苦多么不易，是不是?

说话间，胶水干了，鞋匠把底一粘，三下五除二地完成了。他把鞋往我手上一递："大兄弟，你看看我补的鞋怎么样？"

说实话，我也不懂补鞋的技艺，对我来说，鞋只要能穿就足够了，便应付道："是的是的，不错不错。"随后掏钱递给他。

我这边正要走，他却一把抓住我的手臂，从老花镜后面认真地看着我："那你知不知道我为什么补得这么好？"

我有点吃惊，迟疑地说：“我不知道……怎么了？”

老鞋匠正色道：“大兄弟，因为手艺的‘艺’字就是艺术的‘艺’字！”

那一瞬间，我终于明白他为什么要用这样的眼光来看我的鞋子，我也终于明白他为什么要抽20多元钱一包的香烟。因为他并不认为自己是一个普通的鞋匠，而认为自己就是一个艺术家，所以他才会对自己的工作与生活持这样一种态度。

我相信，我们很多人的工作条件都比他优越得多。你看，人家风吹日晒的，而我们在办公室里享受着空调。但是，我们很多人仍然对自己的工作不满意，总是有各种埋怨，所以，和那位老先生比起来，我们年轻人真应该汗颜啊。当年，这个老先生用他这样一种艺术家的情怀感染了我，令我感悟到工作无高低贵贱之分，各行各业都有值得让人去追求的品质与境界。只要我们专注于自己的工作，努力不懈，就也能够成为艺术家——这就是“工匠精神”的内涵所在。所以，今天，我也希望自己能够用这位老先生的言行来感染年轻的读者，希望大家都能够在自己的岗位上展现出一种艺术家的姿态。我相信，如果我们人人都这样做，中华民族必将“飞龙在天”，永远傲立于世界民族之林。

三、小人气大，君子量大

不过话又说回来，在“飞龙在天”这个层面上，能力其实还不是解决问题的最重要的因素，因为达到一定水平的高手们，是很难再区分高下的。那么，在这个阶段，什么才是最重要的呢？那就是格局与情怀了。

什么是格局？什么是情怀？我在这里先给大家介绍一个人，他是我国著名的音乐家、美术教育家、书法家、戏剧活动家、翻译家、诗人与得道高僧，被尊称为“弘一法师”。他就是李叔同，近现代中国的一个“跨界奇才”。他之所以能够“跨界”，一定程度上是因为他已经把握了诸多领域中事物发展的基本规律，达到了“不知已觉”的境界。由他作词的《送别》一歌脍炙人口，传唱至今：“长亭外，古道边，芳草碧连天。晚风拂柳笛声残，夕阳山外山。天之涯，地之角，知交半零落。一壶浊酒尽余欢，今宵别梦寒。长亭外，古道边，芳草碧连天。问君此去几时来，来时莫徘徊。天之涯，地之角，知交半零落。人生难得是欢聚，唯有别离多。”

李叔同曾经说过这样一句话：“太阳光大，父母恩大，小人气大，君子量大。”“太阳光大”——万物生长靠太阳。“父母恩大”——若没有父母，我们怎么会来到这个世界？那么，何谓“小人气大”？你看，咱们单位里往往有这样一种人，他们看什么都不顺眼，牢骚满腹，今天跟同事吵架，明天跟领导顶嘴，后天又骂社会、政府——一切都是别人的错！这种人大概就是“小人”了，而这样的人也注定不会有特别大的成就，因为他只会挑人家的毛病，却从来不会反省自己的问题，这意味着他已经“满”了，他的器局就这么一点儿，而这样的人，还会有持续发展的空间吗？所以，他会一直原地踏步，而且心胸也往往比较狭隘。

而一个真正有作为的人是怎样的？“将军额头跑得马，宰相肚里能撑船”——心有多大，舞台就有多大。你气量大，什么事情到你这里就都是小事；你心眼如针鼻，那么任何事情在你这里就都是大事。

有这么一个故事：一位秀才在闹市闲逛，看到一个小商贩在卖柴火，就想买四筐回家，可最终二人吵得不可开交。原因是商贩认为一筐柴火卖9个铜板，四筐应该要37个铜板，而秀才则坚持认为是36个铜板才对。为此，两人争执不休，甚至谩骂不止，只好到县衙了断。

县官开庭审问二人，先问那小商贩：“你还坚持认为一筐柴火9个铜板、四筐37个铜板吗？”

小商贩说：“是的！”

县官又问秀才：“你还坚持认为应该付36个铜板吗？”

秀才说：“这不明摆着吗！”

结果，县官把小商贩放了，却打了秀才36下板子。秀才不服，要与县官继续理论。

县官说：“他说应付37个铜板，说明他无知，是个糊涂人。对一个糊涂人，我打他有用吗？你说应付36个铜板，说明你是一个明事理的人，可你却和一个无知的浑人没完没了地吵闹，还闹到我这里来，那你可能是因为一时糊涂。而我之所以打你，是希望你能够明白过来。”

也许这件事不会发生在我们身上，但这种为了一些无关痛痒的琐事而进行的徒劳无益的争执，不是常在我们身边发生吗？为了一口气、为了面子，而延误了真正重要的大事，不是很不值吗？尤其是在某些场合中的纠缠不休，更是引火烧身的危险行为。

我有个同学，气度就不怎么大。有一次，我们几个一块去吃饭，菜点完了，可半天不上——可能也是因为店家忙，生意好啊。慢慢地，我那同学就来气了，见有个服务员路过，叫住便问："我们的菜为什么还不上？旁边那桌人比我们来得迟，都上了两个菜了。你们怎么搞的？"可能是因为人家并不负责我们这一桌，所以这服务员只朝他瞥了一眼，便走过去了。

我那同学更不爽了："你这是什么服务态度啊？把你们领班给我叫过来！"

我们几个赶紧拦住他："算了算了，咱们不正聊天吗？不急，再耐心等等。"

为什么拦？其实这种饭店中的服务员赚点辛苦钱不容易，因为他们既要受老板的训导，又要不时遭到顾客的责难，而这种压抑与委屈若不能被及时排解，就会在他们心中不断积累，最终导致其做出过激的事——说不定直接把一盘子热菜扣你脑袋上。

所以啊，如果读者们觉得自己混得还算不错，那么当我们看到那些在酷暑高温下或天寒地冻中为生计苦苦奔波的人时，请多给他们一点理解，其实，他们不需要你施舍，他们只是需要尊重！什么叫尊重？人家清洁工的扫把不小心碰到你了，你道声"没关系，辛苦了！"保安帮你将汽车指挥、引导入位了，你临走前说声"谢谢师傅！"聚餐畅谈时，有服务员过来给你们换餐碟，你们先不要聊了，抬眼看看人家，真诚地道一声"谢谢！"这些都是尊重，也是最基本的做人素质。

有一次，我在一家五星级宾馆上课，每隔半个小时，就有个服务员过来给学员倒水。这个小伙子穿一件黄马甲，倒水时从不抬眼看人。在给我倒水的时候，我照例说了声“谢谢”，但他理都不理我。第二次，我提高了声调向其道谢，他还是不理我。我虽感到失落与诧异，但没有放弃，所以在他第三次来倒水的时候，我还是大声说了句“谢谢！”他终于扭头对我腼腆地笑了。为什么？因为他的心已经被冰冻得太久、太久了，他几乎已经忘了什么是尊重、什么是被尊重。

各位读者，中国目前已经是GDP排名第二的世界大国了，既然是大国，就要有大国的风范。那些中国东南沿海的发达城市，还缺钱吗？你们看“北上广深”那些一线城市，满街“奔驰”“宝马”，缺不缺钱？如果一定要说眼下这个社会中还有什么东西是我们比较欠缺的，那就是人与人之间的一份最基本的尊重。我们都认为自己应该被尊重，可我们有没有学会怎么去尊重别人呢？为什么现在人与人之间的戾气那么重？就是因为他们的眼里只有自己没有别人，所以他们总觉得是人家冒犯了自己。

当然，我们不要去抱怨社会，因为抱怨解决不了任何问题。心动不如行动，我们是不是都应从自己做起，来改变这个现状呢？我觉得，其实我们每个人都可以做点什么，来改善我们现在所处的环境。比方说，杭州作为一个旅游城市，交管部门大力提倡机动车于斑马线前礼让行人之举，几年下来，已有一定成效——这点就做得挺不错。我在浙江大学上课的时候，听一些从其他地市来的学员反映，他们对这一点印象深刻，认为这真的体现了杭州这座城市的文化品位。但是，我觉得我做得可能还要好一点：当我作为一个行人穿越斑马线的时候，在那些没有红绿灯的地方，只要有车停下来让我，我就立刻小跑过去。我跑这几步不是为了节省时间，也不是为了我的个人安全，而是为了向司机表示一种尊重。司机注意到你并停车礼让，这代表着他对你的一份尊重，而我们作为受惠者，是不是同样需要用一种礼貌的行为回馈一下？我觉得我的这几步小跑就是一种很好的回馈方式，司机想必也会看在眼里暖在心里：我尊重这位先生，这位先生也感谢我的付出，证明这件事情我做得值呀。等下次再看到行人，我还要继续停车让行！

所以，什么叫文明？文明就体现在作为社会活动参与者的我们一起努力地去践行一件真正对社会有价值、有意义的事上。但我还是很遗憾地看到有很多人将别人对自己的这种礼让，“简单粗暴”地理解成个人理所应当的权利：你就该让我，我就要慢慢地走，还要边走边回个微信——这样就太自我了。我们都生活在现代社会中，而现代社会是一个通过高度分工来提高公共效率的互联体，所以我们在享受着现代社会为我们提供的各种便利的同时，也要遵守社会中的各种秩序，承担应尽的责任，而只有积极地播撒善意，善果最终才会降临到我们身上，这就是佛家常说的“凡人怕果，菩萨怕因”。当凡人还在担心会不会有什么厄运降临在自己头上的时候，菩萨已经在思考自己是不是有什么地方没有做好了。佛家认为过程是重中之重，只要把过程做好，还需要担心结果吗？

四、李广的格局怎么样

李广因为迟迟不得封侯，自己也觉得奇怪，就专门请教一个叫王朔的占气家："自从汉朝发兵攻打匈奴以来，我没有一次战役不参加。可是眼见着各部队中那些职位不高、才能平平的军官们，已有几十个人因功受封，而我李广却一直未受封赏，这实在令我大惑不解。到底是因为我的面相使然呢，还是我根本就没有封侯的命呢？"

王朔对李广说："将军您自己好好回想一下，以前有没有做过什么让自己特别悔恨的事？"

李广想了想，说："我在陇西太守任上时，羌人曾经反叛过一次，我诱使他们投降，投降者有八百多人，可我在同一天内把他们全杀了。这恐怕是迄今为止最令我悔恨的事了。"

王朔对李广说："能给一个人带来厄运的事，没有比杀降更厉害的了，这大概就是将军迟迟不得封侯的原因。"

读者可能会认为，杀降顶多是不讲信誉的表现，况且《孙子兵法》中亦有言："兵者，诡道也。故能而示之不能，用而示之不用……利而诱之，乱而取之……"李广这样做，不正是"用而示之不用"、诱而取之吗？而且，这也是他为将平叛的本职工作，和"格局"扯得上关系吗？

那好，我们再看李广的另外一件事。李广曾经带着一队骑兵出击匈奴，结果中了匈奴的埋伏，全军覆没，自己也被俘虏了。因为单于仰慕李广，曾下过不杀李广之令，所以敌兵就把他绑了，打算送到单于那里邀功。在押送的途中，他瞅准机会，夺了一匹好马跑了回来。当时，汉武帝非常恼火，论罪判斩。最终，李广花钱赎命（这在汉朝的刑律中是被许可的，叫作“赎刑”），被贬为庶民。莫说封侯，连官职都被削了，郁闷啊！

有一天，李广带着一个随从，骑马外出会友饮酒，回来时天色已晚。古时，为了便于治安管理，晚上普遍实行宵禁，即过了某个时辰，人们就都不得外出或在街上随便走动。当时，李广路过的那个地方是霸陵，即汉文帝的陵寝所在，但他被负责霸陵守卫的校尉喝止了。他的随从赶紧介绍说这是前将军李广，但那校尉碰巧也喝了一点酒，说话就比较冲：“一个前将军有什么好在这儿显摆的，就是现将军来了又能怎么样！”所以，那天晚上，李广就是在一个亭子里过的夜。天凉吧？但我想李广的心恐怕更凉。正所谓“虎落平阳被犬欺”，想自己也曾是堂堂一个将军，现在被削职了，连一个小小的校尉都敢羞辱自己了！于是，他就把这件事搁在了心上。

过了不久，匈奴攻进辽西，击败了韩安国的部队，汉武帝便召回李广，封他为右北平太守，李广立即请求武帝准予把那个霸陵尉调到自己麾下一同前往。但那个霸陵尉在到任的第一天，就被李广找了个碴儿给斩了。通过这件事，我们可以大致推断李广这个人的气量到底怎么样了。霸陵尉虽然当初没有给他面子，说话也不太中听，但人家的所作所为毕竟是在其职责范围内的，而李广公报私仇，就太过小肚鸡肠了。可能也正是因为他这个人的气度不大、格局不大，所以他始终未能如愿封侯。

相对而言，前面提到的那个韩安国，气度就要大得多。这个人本来在梁孝王治下任内吏，为中大夫，但在汉武帝执政时期，他却跻身于中央政府，进入了朝廷的决策层，先后担任大司农、御史大夫、护军将军，可谓权重一时。

韩安国在梁国为官时，偶然获罪下狱，有个叫田甲的狱卒对他百般折辱，韩安国实在忍不住了，就对田甲说：“你就不怕我有一天‘死灰复燃’，官复原职？”田甲嚣张地说：“你若‘死灰复燃’，我就一泡尿给你灭了。”结果不承想，这韩安国还真的被免了刑，并被擢为俸禄为两千石的高官。这下，这个田甲就吓傻了，好半天才缓过神来，便赶紧收拾细软逃之夭夭。韩安国听说田甲因他丢下公职出逃，就放出风声：“甲不就官，吾灭尔宗。”意谓如果田甲不回来复职，就灭了他全家。田甲没有办法，只得上门负荆请罪，但韩安国并没有过多地责难他，而是和他开玩笑说：“你还记不记得我问过你，万一我‘死灰复燃’了，你该怎么办？当时你对我说，要一泡尿给我灭了。你看，我现在‘死灰复燃’了，该你撒尿了，不然的话，我这把火可就要越烧越旺了。”田甲羞愧得无地自容，只有一个劲儿地磕头求饶。韩安国扶起田甲，说：“我只把你说的当作玩笑话，不会对你记仇的，但是你也要记住，在任何时候都不要把话说满、把事情做绝。”这才是君子气量啊！一个人要想“飞龙在天”，就要有这样的气度和格局。

第六章　上九：亢龙有悔

我们一路修炼，终于达到了乾卦中事物发展的最高阶段，马上就要通关了。可正所谓物极必反，但凡事物发展到了顶峰，接下来就要开始慢慢走向衰败，这是客观规律，谁也无法改变。我们所能研究的，无非是如何在这个顶峰上多停留一会儿，或者使衰落的速度稍微减慢一点。在这一阶段，《易经》乾卦提供给我们的指导思想为："上九：亢龙有悔。"什么是"亢龙"呢？我们知道，"初九"中的"潜龙"很低调、很驯顺，行事风格相对谨慎，而"亢龙"则很张扬、很激昂，可以任意挥洒。也正因为它太高拔、太顺遂，所以它就免不了会得意，虽然"人生得意须尽欢"，但"尽欢"就有可能忘形，而忘形则意味着离摔跟头已经不怎么远了。对于职场中的人而言，道理依旧如此：在这个时候，很多人会看你不顺眼，会拿着探照灯、放大镜对着你，试图找到你的缺陷，来证明你其实也不过如此，并最终把你拉下马来。所以在这个阶段，我们要特别谨慎、小心，以免中招。这也就引出了我们职场成功智慧的另一要点——忠心耿耿、值得信赖。

一、明朝富商沈万三

去南京旅游的人都喜欢去参观那里的明代古城墙。在中华门旁，有一处专设的沈万三展览馆，因为这座城墙的三分之一是由其捐资筑造的。

元朝末年，富商沈万三“东走沪渎，南通浙境”，盘踞水陆交通便利的周庄，将之作为其商品贸易和流通的基地，把中国的丝绸、瓷器、粮食和手工艺品等运往海外，又将海外的珠宝、象牙、犀角、香料和药材运回中国，故而迅速聚积起雄厚的财富，使自己成为“江南第一豪富”。

元至正二十六年，朱元璋举兵攻打苏州城。当时的地方政权首领张士诚因得到苏州富民在财力上的支持，所以固守苏州长达八个月之久。城破之后，朱元璋对苏州富户乃至贫弱百姓恨之入骨，采取了一系列的报复措施。沈万三作为苏州富民之首，之前与张士诚关系密切，但鉴于当时严峻的形势，也只能“识时务者为俊杰”。入明后，他听闻朱元璋在修建南京城墙，就积极响应，愿“助筑都城三分之一”，所以现今我们在南京看到的从中华门到水西门的这一段城墙，都是由他出资建造的。当时，沈万三不仅延请了一流的营造匠师，还整天在工地上视察，以求提升进度、保证质量，最终不仅使这段城墙得以圆满竣工，而且还比官方的竣工日期提前了几天。这无疑大大驳了皇帝的面子，但沈万三却没有觉察到潜藏的危机，反而想趁热打铁，便请求皇帝准许自己出资百万两黄金来犒赏三军。这一轻狂之举令朱元璋龙颜大怒，便当即传令："匹夫犒天下之军，乱民也，宜诛之。"

好在马皇后明晓事理，觉得皇帝此举有点过分，便好言相劝道："我听说法律是用来诛杀不法之徒的，而不是用来诛杀不祥之人的。一介庶民却富可敌国，那是他自己的噩兆。对于不祥之民，苍天自会降祸于他，陛下又何必多此一举呢？"

最终，沈万三虽保住了命，但还是被发配至云南，沈家自此家道中落，他本人也客死他乡。这正如孔尚任《桃花扇》中的戏词："眼看他起朱楼，眼看他宴宾客，眼看他楼塌了……"

二、组织到底愿意培养和提拔什么样的人

所以，我们真的应该好好想想：组织到底愿意培养和提拔什么样的人。我们经常听人说，一个员工的能力很重要、责任心很重要、忠诚度很重要……那么，大家觉得到底什么东西最重要？

下面，我要敲黑板、划重点了：基层人员看能力，中层人员看责任，高层人员看忠诚。这就是职场的核心规律，而我们则必须掌握规律、按规律办事。因为基层人员是负责具体事务的，所以出众的能力是最重要的。而中层人员是负责审核、把关、签字的，所以有责任心最重要。等到你有朝一日爬上了高层，这个时候，领导就会重点看你是不是跟他一条心了。

这些规律性的东西，大家不去多总结、多把握，而只去学溜须拍马、阿谀奉承，又怎么可能决胜于职场呢？

我以前在可口可乐公司的时候，曾经带过一个新员工，那小伙子对我真殷勤啊——端茶倒水、鞍前马后。但自从我被撤职以后，他就马上换了一副嘴脸，经常在人前人后对我冷嘲热讽。所以，大家不要被一些表面的东西蒙蔽，有时候，一个不太趋附的人反倒说明他可能还有一定的底线，而这样的人往往更可靠。

所以，笔者建议：如果你是一个基层员工，那就踏踏实实地将你手上的这份工作干好，并“多快好省”地取得成果，从而展现能力、展现价值。这就是领导最看重的。

但等到你跻身高层了，你就该展示出足够的忠诚。

我从那家公司辞职后，曾一度复职。之前，我手下有个很能干的下属，他在我辞职后因为个人原因，也选择了离开。虽然当时总经理希望他能留下来，但他还是坚持了自己的想法，这使总经理不太高兴。我复职以后，希望能够把他也喊回来，毕竟当初我们合作得很默契。但正是因为考虑到上述原因，所以我并未贸然地向领导提出这一请求，而是采取了迂回“策略”。

在与领导的一次谈话中，我说：“非常感谢您能请我回来，只是我以前手下有个不错的人，他在我走之后也离职了，这次能不能让他一起回来为公司服务？”

领导说：“行啊，只要对公司发展有利，我们都不反对，具体事宜由你们安排就行。”

我说：“可问题是我知道他走的时候，和总经理闹得有点不愉快。”

领导说：“怎么不愉快？我没听说啊。”

我说："这么小的事，您当然听说不到了。事情是这样的……"

领导止住了我："没有什么不愉快，我知道的。他若不愉快，自然会来和我讲的。"

我说："这样的事，他会和您讲？"

领导侧过身来注视着我，一字一顿地说："他有什么事情一定会和我说的！"

听了这句话，我就不再作声了。我一直以为自己已经算是很能汇报的人了，但没有想到有人比我还能汇报，对于那些连我都觉得完全没有必要让领导知道的事情，他也依旧事无巨细地汇报给领导，以致领导对他产生了这样的一种印象：他什么事都不会向我隐瞒。那么重点来了，这个总经理之前是没有营销经验的，但一个没有营销经验的人却分管了营销工作两届四年。为什么？一个词：忠诚！想想公司每年几十个亿的营销费用，如果你是老板，你会选择什么样的人来管理？

三、李广表现得足够忠诚吗

现在我们又能回过头来思考一下李广为何难封了。其实李广在汉景帝执政时期，是完全有机会封侯的。当时的御史大夫晁错建议汉景帝削藩，进《削藩策》，指出："今削之亦反，不削亦反。削之，其反亟，祸小；不削之，其反迟，祸大。"结果引起了诸位藩王的强烈抵触情绪，其中势力最大的吴王刘濞，联合其他六个藩国，以“诛晁错，清君侧”为由起兵造反，史称“七国之乱”或“吴楚兵变”。当时，叛军一度势如破竹，年轻的汉景帝方寸大乱，便听信谗言腰斩了晁错，希望以之弭乱，但叛军兵锋依旧直指长安。幸亏汉景帝那位嫡亲的弟弟、梁孝王刘武率领属国将士拼死抵抗，延缓了叛军对朝廷的进逼。汉景帝缓过神来之后，遵照他父亲的遗嘱，起用太尉周亚夫，令其率军平叛。当时，李广作为骁骑都尉，在昌邑城下大败叛军主力、夺得敌军帅旗，立下了大功，眼看回来就要封侯了。

当时，梁孝王非常赏识李广，就命人刻了一方将军印送给他。其实，这个梁孝王还是有一定的政治野心的，而且，相对于景帝刘启，窦太后在某种程度上可能还更偏爱他。正是仗着这层关系，梁孝王常有僭越之举，只是汉景帝迫于母后的压力而一再忍让，甚至在一次母后、弟弟同时在场的宴会上借着酒意表态要让弟弟做自己皇位的继承人，以此来讨好母后。所以，梁孝王通过这个手段笼络李广，也是在为自己积聚实力，而缺乏政治嗅觉的李广却不问青红皂白，就把那将军印给收下了。

你们相不相信，对于这样的事情，马上就会有人密奏给景帝啊？“皇上，我不得不很负责地提醒您，李广收了您弟弟的将军印！您看……”

所以说，汉景帝也还算是个好皇帝，虽然李广犯了这样一种原则性的路线错误，可汉景帝还是包容了他，没有问他的罪。不过，汉景帝一定会暗自想：“李广，你还算是我的人吗？万一梁孝王今后起兵作乱，你到底是跟着他走还是跟着我走？由于国家现在正需用人，所以朕权且饶你一死，但封侯这种事还是免了吧！”

所以，为什么有着这么优越的职场发展条件的李广，始终没有获得一个理想的职场发展结果——你看他把哪件事情做到点子上了？故而前后三位皇帝始终下不了决心，给他一个真正意义上的肯定。一件坏事如果在自己身上反复发生，大家就要注意了，不要再到处找外界的客观原因了，因为这可能真的是你自身的主观原因造成的。我想，李广始终不得封侯的原因就在于他不了解规律，没有按照规律来行事。

四、“亢龙有悔”的两个含义

晚清重臣曾国藩，是湘军的创立者和统帅，与李鸿章、左宗棠、张之洞并称为“晚清四大名臣”。洪秀全发动太平天国起义时，曾国藩正以二品礼部侍郎的身份，为母守丧在家。当时，太平天国运动发展得如火如荼，很快就席卷了半个中国，尽管清廷从全国各地抽调了大量八旗军、绿营官兵来应战，但这些腐朽的武装部队早已不堪战事，屡战屡败。因此，清廷颁发了奖励团练的诏令，企图利用各地的地方武装来遏制太平军势力的发展。于是，曾国藩多方筹措，积极组建湘军，在经过了多年鏖战之后，最终力挽狂澜，剿灭了太平军。

回朝后，曾国藩论功加太子太保、封一等侯爵，弟弟曾国荃加太子少保、封一等伯爵。这对湘军和曾氏家族来说，是巨大的荣耀，湘军众将皆沉浸于欢乐之中，连日大张酒宴，庆贺大捷。而作为湘军统帅的曾国藩却处于极度的焦虑之中，日夜不安，忧心忡忡。

当太平军的残余势力被铲除后，湘军与朝廷的关系也发生了转变——湘军成了对清王朝具有潜在威胁的庞大军事力量。况且此时，曾国藩已经是两江总督、钦差大臣，督办江、浙、皖、赣四省军务，四省巡抚、提督悉归其节制，而当时江南各州府的巡抚、提督，亦多是曾国藩的门生、宗亲、故吏。也就是说，曾国藩是当时清廷中集兵权和行政权于一身的汉族重臣，实际上已经成为清廷潜在的最大威胁。毕竟，历史上有太多“功高震主”“兔死狗烹”的先例了。

于是，曾国藩开始巧妙地采取一系列积极避祸的措施。首先，他针对朝廷担忧湘军过于强大的心理，奏请朝廷裁撤湘军。朝廷不日准奏。其次，他又上奏恳请停解湘军军饷，第一笔是广东厘金，至少有120万两。朝廷立即批准，谕旨曾国藩尚可留其三成作饷，但曾国藩果断谢恩拒绝，以表诚心。再次，他采取了一个非常重要的措施，即劝说他的九弟曾国荃——攻克金陵的湘军前线总指挥回家养病，解散了湘军中最精锐的“吉字营”。当时，朝廷先是假意挽留，但还是很快准奏了，同意让这位大功臣回家休息。曾国藩的这一举措实际上是在向朝廷表态并使其打消顾虑：曾家的任何人都无意拥兵自重。

就这样，朝廷终于放心了，而解除了嫡系兵马、削减了金银粮饷的曾国藩，也可以专心、安心地为朝廷治理江南了。他使朝廷消除了“功高震主”的隐忧，也使自己幸免于“兔死狗烹”的悲剧，既保住了官位与曾氏家族的荣耀，同时又凭借着门生、故吏、亲友在朝廷与地方的实力与声望，始终维系着自己煊赫的权势。

所以，这“亢龙有悔”有两种理解方式。第一种是指在这个阶段中，人们势必会遇到潜在的威胁。这个“悔”，在此处用作名词。第二种意谓到了“亢龙”这个极端之后，我们要带着一种危机意识去思考问题，这样就可以在很大程度上避免使自己陷入危局。这个“悔”，在这里用作动词。曾国藩就是持有这种“亢龙有悔”的危机意识的典范。

五、只有把握规律，才能顺势而为

以上，我们通过对乾卦的梳理，讲了职场发展规律，但实际上，这不单纯是职场发展规律，也是深层意义上的综合指导策略。为什么呢？因为《易经》乾卦揭示的是影响世间万物发展的核心要素和基本规律。我们不妨印证一下它的普适性：就以自然界中的植物为例，让我们来看看植物的成长模式是不是也符合《易经》乾卦中的六个步骤。

首先是“初九：潜龙勿用”。大家想，植物的种子是随随便便就能发芽的吗？冬季时发不发芽？干旱时发不发芽？它是看机会的。在澳大利亚，有一种奇怪的树，名叫王桉。它怪在哪里呢？它的种子坚如铁石，你将其泡在冷水里，泡上一两年它都不发芽。生物学家就诧异了，这奇怪的树种到底以一种什么样的方式来繁衍呢？研究结果令人大吃一惊——它竟然在等待森林火灾。我们知道，原始森林，特别是北半球的那些针叶林，基本上每隔四五十年就会发生一次自燃。因为落叶积聚后，其内部会发酵、生热，当温度达到某个临界点后，落叶便会自燃，这就是大兴安岭一带经常发生森林火灾的原因。火灾之后，草木皆焦枯而死，但同时，烈火的高温却能使王桉树那深埋于地下的种子的坚硬外壳开裂，使它们发芽。你看，它们用了四五十年的时间，等来了这么一个合适的机会，这就叫“潜龙勿用”。我们前面讲过，在原始森林里每年萌发的种子中，可以存活下来的仅占15%，而占85%的那些则都被这残酷的生存竞争扼杀了。可一旦存活下来，它们便长势惊人——王桉是世界上长得最高的树，高度可超过100米。

然后是“九二：见龙在田，利见大人”。春天到了，阳光充沛，气候温润，种子们一看机会来了，争相破土而出。它们做的第一件事是什么呢？就是把两片小嫩芽打开，朝向太阳。对植物而言，太阳就是它们的生命之源，有了阳光雨露的照耀润泽，植物才能够茁壮成长。

然后是“九三：君子终日乾乾，夕惕若，厉无咎”。什么意思？就是要抓紧时间成长——不仅白天要长，晚上也要长。

如果长慢了，可能就会不幸陷入“九四”中的“在渊”困境了，也就是长得更快的其他种类的植物，甚至是你的同类植物，会把你的生长空间堵死。我们看家里养的水仙花，起初，它们的叶子总是长得高且挺拔，但在就要开花的时候，叶子却往往倒伏下来，需要我们找根绸带围一下才能重新立起来。这种现象产生的原因，就是你没有让它晒到太阳。喜光的植物都很聪明，只要光照不足，它就会认为自己还不够高，并会调动全部生长能力，让自己往更高处生长，以便触碰到阳光，直至它自身的机能无以为继。所以，日后我们家里再养植物的时候，你若见外面阳光好，就把它们搬出去多晒晒，在获得了充足的光照之后，它们就不再一味地往上生长了，而是会绽放花朵、孕育果实。

好，只要你长得够快，那么一旦打破了瓶颈，就会进入“九五：飞龙在天，利见大人”阶段。我们看到，每当植物长到一定的高度后，它就会横向分出枝杈，这时候，它不再仅仅满足于纵向发展，而是开始侧重于横向发展，因为它要形成自己的势力范围，以便吸收更多的阳光雨露，获得竞争优势。

但它也知道，不能再毫无节制地往上猛长了，因为再往上一点就是“上九：亢龙有悔”。人在这个时候，也应如此：要低调，要和周围的人融为一体，该让的功劳也要让点出去。如果你在这个时候还不知深浅地孤芳自赏，那么你的结局终将是“木秀于林，风必摧之”。

所以，大家都看到了，植物的成长历程其实也符合《易经》乾卦的六个步骤，由此可见，《易经》乾卦为我们揭示的就是影响世间万物发展的核心要素和基本规律。那么咱们了解了这些，有什么意义呢？意义就是在今后的工作、生活中，我们都要审时度势，不断地去判断当下于自己而言、于组织而言，到底是一个什么样的阶段，继而考虑应该采取什么样的核心策略，以确保我们按规律办事、每一步都踩到点子上。如果你不知道什么是规律，完全按照自己的理解一意孤行，那就很有可能行差踏错、荒腔走板。

到目前为止，我们在上篇中讲的是乾卦，知道了乾卦中蕴含着影响世间万事万物发展的核心要素和基本规律，但这其实只是单纯从主观角度进行思考的——正因为人仅仅是浩瀚宇宙中的一分子，所以若单纯从一个角度看问题，那么得出的结论肯定是不够完整、有失偏颇的。其实，这里还有个与之相辅相成的主次关系需要我们参考：我们的老祖宗总是说“方寸之间有乾坤”，这是一种哲学思想，意谓这个世界并不是单极的，而是有阴有阳、有正有反的，所以我们应该以一种全面的眼光来看待它。那么，就让我们在理解乾卦的基础上，再来对坤卦进行一下解读。

下篇

从卫青何以一门五侯解读职场策略

引言

在上篇中，笔者以李广为核心人物，围绕着乾卦的卦辞，为读者解读了职场中的核心发展策略，让大家明白了事物的发展其实是有规律可循的，而我们在不同的阶段也应该采用不同的核心策略来处理职场中的相关事务。在下篇中，我将以卫青为代表人物，并结合坤卦的卦辞，来进一步为大家解读职场策略。在开篇之前，让我们先对坤卦有一个初步了解。《易经》的坤卦中也有六爻，即从“初六”到“上六”。

初六：履霜，坚冰至

六二：直方大，不习无不利

六三：含章可贞，或从王事，无成有终

六四：括囊，无咎无誉

六五：黄裳，元吉

上六：龙战于野，其血玄黄

如果说“乾”象征着“天”，那么“坤”就代表着“地”，而坤卦就是地卦、从卦，也就是说，“乾坤”中蕴含着天地之间的关系、阴阳之间的关系。就中国传统哲学而言，这是一种不可分割的辩证关系，所以，我们若只从一个维度出发去理解问题，终究会失之偏颇。

如果我们说乾卦是“上帝视角”，是以全知全能的眼光审视世间万物的发展规律的话，那么坤卦就是“众生视角”，是站在现世万物的角度，考虑如何顺天应时、把握节奏。所以乾坤之间的关系就古代朝廷而言，代表君臣之间的关系；就职场而言，代表领导与下属之间的关系；就家庭而言，代表夫妻之间的关系、父子之间的关系；就个人而言，当然也可以代表对外处事的才干、本领与对内修身的品德、操守之间的关系。让我们一步步地来看。

第一章　初六：履霜，坚冰至

“初六”在坤卦中代表着事物发展的最初阶段，其爻辞是“履霜，坚冰至”。这既为我们揭示了现状，也予我们以告诫。这句话的字面意思是，当你踏上薄霜时，就应意识到阴冷之气要开始凝聚了，那么根据自然规律，就可以推知坚厚的冰层可能也快要冻结而成了。

若以此影射职场，则是说人们初涉职场，就意味着要走向社会了。只是，社会可不像家庭这么温暖，有热炕热汤，还有爸妈的呵护、兄弟姐妹的关爱，社会就是一座丛林，其间适用的只有丛林法则，即强者生存、弱者淘汰。在丛林中生存是艰难的，每一步都可能饱经风霜，每一步都可能突遇坚冰，人们必须像履霜而行一般，走得分外小心。鉴于此，年轻人既然已经踏入职场，就要及时转换角色、转换心态，不能再以在家时的随性、放纵来处理职场中的各种关系与事务了。

一、两个司机的故事

我有一个朋友，他的弟弟在国企改制中被裁了下来，他辗转周旋，最终托关系把弟弟送进了当地某富商的公司，名为在行政部工作，其实主要就是给富商的女儿当司机。他的弟弟很高兴——又是在全国著名的大公司工作，又是开豪车，当然得意啊。结果没过几天，人就蔫了，对他哥说干得不痛快。什么原因呢？原来，他在某天接到了一个任务：富商的女儿要他第二天早上七点半，准时在她家那个高档小区的门口等她。第二天，时间已到了七点半，人却没来。那兄弟等到了七点四十五，终于耐不住了，便给公司行政部的领导打电话询问。领导让他再等等，说千金迟到是常有的事。他等到了八点半，又给领导去了电话，问怎么还不下来，并请领导打个电话问问。领导说已经发过短信了，但未得回音。他干脆说："她住哪栋楼、哪个单元啊？我自己去问问。"领导说："你傻啊！为什么叫你在小区门口等？你明白不明白！"他没辙了，只好继续等。最后，富商的女儿直到十一点半才出来，并且未表示任何歉意就直接吩咐他马上开车去某个地方。于是，我朋友的弟弟产生了一种不被尊重的懊丧，便和他哥说不干了，给再多钱也不干了。当然，我本人并不赞同领导及其家属以这样的方式对待员工，但你也不得不承认，有些人的确是被从小服侍大的，在他们看来，这个世界是围绕着自己旋转的，所以他们很少考虑到别人的感受，而是认为自己和员工之间就是简单的雇佣关系，自己付了工资就相当于买断了受雇佣者的工作时间，等人难道不是受雇佣者的分内之事吗？而受雇佣者于他们而言，就像是这辆车上的一个部件，谈不上尊重和不尊重，愿干就干，不愿干可随时走人。

相反，我另一位办企业的朋友则对她公司中的一个司机很是不满。这个司机也是她的朋友介绍过来的，说以前在省府车队开过车，技术绝对靠谱，而且又是本地人，比较可靠。（她之前有个司机，因为一点劳资纠纷，把她的车开回自己老家去了，这使她心有余悸，所以她一直倾向于雇本地人当司机。）但我这朋友最反感的却是这个司机的多嘴多舌——或许他从省府车队离开的原因就在于此。只是，他对自己的这个缺点毫无认知，依旧我行我素。有一次，我的朋友终于忍不住了，向我吐槽了这么一件事：快过年时，她想给一些比较重要的合作伙伴送一点年礼，以此来表示一下心意、维系一下感情，于是就派这个司机送一个业务员去一个合作伙伴那里拜访。没想到，那位业务员在路上突然打电话向她请示，问是不是再加张几千元的超市购物卡显得更有诚意。我的朋友就问业务员为什么突然会有这样的想法，那位业务员表示，这是司机在路上和他聊的，说只拿这点东西送礼未免太小气，会被人家小瞧的。那司机一直絮絮叨叨，最后说得这位业务员自己也心里打鼓，觉得底气不足，所以就在车上给她打了这个电话。我的朋友听后十分恼火：你一个司机，开好你的车就行了，这才是你的本职工作。可你对人家业务员的工作也要评头论足、横加干涉，难道不是很过分吗？所以，她就征询我的意见，对类似这样的员工应该怎么处理——因为这司机毕竟是她朋友介绍过来的。电话里，我听得出我这位朋友的愤懑。说实在的，这位司机或许已经摔过跟头了，但他却连最基本的反省意识也没有，而是在同一个问题上反复犯着同样的错误并依旧自以为是，这可真的是无可救药了。

二、调整角色，摆正位置

其实，“初六”一爻给予我们的启示并非只适用于基层，哪怕是高层领导，只要他来到一个新岗位、新环境，就都可以参照“初六”的模式来待人处事。我们集团的老板曾经以高薪挖来一个同业的高管做总经理，态度也不可谓不诚恳谦恭，对此，这位总经理想必也有深刻感受。有一次，集团在北京召开营销系统的高管会议，与会的主要是各地区的营销总监和总部各职能部门的营销负责人。当时，这位总经理刚上任，工作态度比较积极，所以此次会议就由他来亲自主持。上午的前半段时间，老板参加了会议，听取了一线人员的业务汇报，但由于他下午要出差，做为期约一个月的考察，所以在会议进行到下半场时，老板就回到了自己的办公室，并把那些市场一线的总监依次叫进去个别谈话——对于这些一线的“大员”们，老板一直都是亲自控制的，以前也经常通过这样的方式面授机宜，相当于宋高宗所说的“如是别有事，宜可密奏来”，故而自然不会觉得有什么不妥。但是，随着与会人员一个个地被轮流叫走，正在主持讨论的总经理的脸色便越来越难看了，他觉得老板太不给他面子了，有什么事不能当着他的面谈吗？这不是表明自己被架空了吗？最后，老板谈完话，在走之前专门来到会场向大家道别。因为会议尚在进行中，大家便都以目光回应、示意，唯独总经理扭着头装听不见。场面就僵在那里了，一度非常尴尬。最后，老板只好提高了声调再一次说：“某总，我先走了。”总经理这才回过头来，不冷不热地说了声“慢走”。可见，给老板脸色看，也属于弄不清自身定位的行为，一般而言，有这样的行事风格，一个人在民营企业里很难待得长久。这个总经理能力出众，在我们这儿也干了将近两年，但他最后还是辞职走人了，而且在他走后，凡是在他任职期间趋附他的干部，基本上也都被老板慢慢地“清洗”了，唯独当时被安排给他做秘书、也是他这两年间非常倚重的一个人反而被升为部门经理。这里面是不是还有什么深意可挖？有兴趣的读者不妨自行脑补一下，总之，细思极恐。

而我认识的另外一个人，就非常善于调整心态、转换角色、摆正自身位置。之前，他在一线市场担任区域市场总监，手下有好几个市场经理，其中一个人的业务能力和管理水平都很出众，让他非常倚重，以至于总部领导去他那儿考察，他都会带着这位下属。这位下属对市场情况也相当精熟，有问必答，应对自如，而且答得切中要害，很是为他争面子。后来，由于集团公司业务模块的变革，这两个人都被抽调到总部任职，但职位关系却调了过儿——以前的下属做了分管市场的副总经理，而以前的上司反倒变成了下属。但是，我们这位同事的思想转变速度和身份适应能力简直“逆天”！第二天早上一上班，我就去了这位副总经理的办公室，见其正在办公桌前拿着手机接电话，而我们这位同事正在给他的新领导（旧下属）擦办公桌，见我进来，他毫不尴尬，继续捧起桌上的电话机认真擦拭。大家可能会觉得这位同事的所作所为异乎寻常，令人难以理解，但我想，他心中一定清楚此次调动的原委。公司为什么会让你原来的下属来做你现在的上司？

从某种角度来看，这是不是代表着组织对你的不认可？因为即便是出于最基本的尊重，公司一般也不会做出这样的人事安排。所以一旦出现了这样的情况，你就要有清醒的判断了，除非你不打算在这家公司继续干下去，而是另寻你自认为对得住自己身价的平台，否则你就要马上在自身找问题了：组织为什么会不认可自己？自己在哪些地方还做得不尽如人意？并且要及时调整心态、转变思想，以一种崭新的面貌来迎接自己的新工作。所以，无论是初入职场，还是突遇工作的调整与职位的升降，大家都要摆正心态，不然的话，你就会在职场中走得相当别扭，甚至你的职场之路很可能在“初六”这个阶段就完结了。

三、不服输的舞者

其实，就“初六”这个阶段而言，“履霜”往往是在起步时期，对于职场新人来说，就是在刚刚踏入职场，正需要组织内有人肯定、有人指点、有人提携的时候，所以在此时，获得领导的认可就显得非常重要。然而，我们经常看到有些“初生牛犊”的确自视甚高，不太能听得进话，对前辈给予的一些中肯的建议过于抵触，因此很难获得认可，甚至自绝于前辈可能给予的提携。

最近有一档热门的电视综艺节目，叫“这就是街舞”。海选的时候，所有的报名选手都可以根据自己的意愿，在由四位艺人担任的考官中任选一位作为决定自己能否进入复赛的主考官。比赛进行得相当激烈，参赛者个个身怀绝技，其中不乏业内“大咖”，甚至还有一些连主考官见了都大呼意外的顶级高手。可能在外行人看来，选手们的表现都很出色，难分伯仲，但业内人士还是有一些相对明确的评判标准来区分其水平高下的，所以那些真正的高手即便在海选中只是偶露峥嵘，也能征服大家，博得满堂喝彩。

在黄子韬这个小组的海选者中有一个舞者，他的技艺可能尚未达到主考官黄子韬心中的标准，所以被黄子韬宣布淘汰。然而这位舞者并不甘心，便当场表示他是黄子韬的“粉丝”，之所以特意选择了由黄子韬做主考官的这一组，就是希望能够进入黄子韬的战队，并恳请主考官再给他一次和前面那位已经晋级的舞者对决的机会。黄子韬考虑了一下，答应了。但对决之后，大家还是觉得另外那个人的技艺更胜一筹，于是，黄子韬再次对这位舞者表示了感谢与遗憾。但这位舞者还是不依不饶，非要黄子韬再给他一次机会不可。黄子韬显然也不想挫伤这位舞者的自尊心，便又问后面同舞种的选手有谁想上来与其交锋，但最终，这位舞者还是被比下去了。可即便这样，他依旧不肯退场，坚持认为自己应该晋级。这时，台下的其他选手开始窃窃私语，表示不满。

这位舞者执拗地对黄子韬说：“你看，我比试了这么多轮，一直在努力地证明自己，你到底觉得我哪里不好？”

最后，黄子韬实在没有办法了，只好诚恳地对他说：“我觉得你其实与从前的我很像。我当练习生的时候，别人说我唱得很难听，但我觉得自己唱得挺好的，所以一直想不通为什么别人总觉得我唱得不好。但直到今天，我才发现那时的我唱得的确不好。所以，我希望当不管是我还是其他人说你跳得不是特别好的时候，你能够虚心地接受。虽然这次被淘汰了，但我想，只要你努力不懈，等你下次再来参赛，你就可能会拿到冠军——这是证明自己的最好方式。你若想有所突破，就要不断地完善自己。”

这位舞者最终离场。但下场的时候，他还是对着镜头表示，他觉得自己的舞技比之前和他对决的所有选手的都要好，并后悔当初选择了黄子韬的战队，致使自己受到了这样不公正的待遇。

笔者并不反对努力争取成功机遇的行为，这正是年轻人应有的表现——你如果都对自己不抱希望，又怎么能企望打动别人呢？但是每个人都应有清醒的自我认知，节目组为什么选择黄子韬等人而不是你来做主考官呢？因为人家在这个领域内一定比你更有发言权。

或许，你觉得自己真的不错，但这毕竟只是你个人的看法，因为一个人的观念受制于自己的识见、阅历与情感，所以往往是有很大的局限性的。正如西汉时期，南越的夜郎国国君问汉朝使臣——汉朝与夜郎国相比哪一个更大，从而贻笑千年。由此可知，“当局者迷，旁观者清”，愿意指出我们不足之处的人都是真心希望我们能有所进步、有所成长的人，所以，能否择善而从，就透露出一个初涉职场的年轻人的未来的成长格局。

事实上，很多在企业中负责面试的人力资源管理者在对应聘者进行面试谈话的时候都非常注意这一方面的问题，比如他们会问及你对原单位领导的看法，以及你从上个单位离职的原因等，这其实就是在试图判断你是不是一个比较偏执的人。如果你在回答中一味地否定他人、一味地强调之前领导的种种不是，那么面试官们马上就会据此认为你过于自我、不太善于服从组织意志。如此一来，你的简历基本上也就马上要进碎纸机了。

四、卫青的“履霜”和“坚冰”

让我们再来看看卫青在“初六”这个阶段的表现吧。卫青的出身较之李广可谓相当卑微，他不但不是官宦世家的子弟，而且还是一个私生子、一个奴婢的私生子。卫青在儿时曾被送回父亲家中抚养，但父亲却让他放羊，几个有名分的儿子也都不拿他当兄弟，而是像对待奴隶似的使唤他。如果故事按照这样的剧情发展下去，大概也就只是一部苦孩子的血泪史了。

但是，金鳞终非池中物。年轻的卫青在放羊的时候，并没有放弃对人生的思索。某天，他做了一个重大决定：去通都大邑寻找发展机会。什么通都大邑的发展机会多呢？当然是帝都长安，况且那里还有他的母亲可以依靠。于是，他迈出了意义重大的一步，谁也没有料到，这一步不但影响了卫青个人的人生走向，而且影响了汉朝后来几十年的政治格局，并直接促使纵横于欧亚草原长达几百年的匈奴部族走向衰落，直至消失在了历史的长河中。意义是何等深远！

到了长安之后，卫青就跟随着母亲生活，给平阳公主当骑奴。

虽然都是当牛做马，但正所谓“舞台越大机会越多”，卫青终于等来了一个一般人根本无法获得的机会。建元二年春，刚登基不久的汉武帝去灞上祭祀，回宫途中顺路去姐姐平阳公主家做客。平阳公主这个人颇有政治野心，为了讨好这个皇帝弟弟，她早就准备了一众美女，并趁此机会呈献给皇帝，供其挑选。汉武帝被其中的一个歌女深深地吸引住了，这个歌女正是卫子夫，也就是卫青的三姐。随后，子夫入宫侍奉，卫青也就凭着这个机会，进入了汉武帝的视野，正式从地方进入了中央，一只脚踏入了大汉皇朝的职场。

但权力中心往往即是非中心，一不小心站错队、表错态，就可能前功尽弃，故可谓危机四伏。小人物一不留神，也会沦为权力斗争的牺牲品，所以尤其要小心谨慎地“履霜”而行。但问题是，就算你不去找麻烦，麻烦同样也会找上你。很快，一个生死攸关的危机就降临到了卫青的头上，正如坤卦中所谓的“坚冰至”。

卫青的姐姐卫子夫进宫一年后就怀孕了，这引起了当朝皇后的嫉妒，因为当时的陈皇后一直没能给汉武帝生下一儿半女。于是，陈皇后和她母亲馆陶公主一合计，就出了个阴招——把卫青逮了并打算杀了他，以此给卫子夫一个警告。

不管怎么说，对卫青而言，这场飞来横祸真可谓是“坚冰”骤至。当然，他最后还是从这个危机中全身而出了，不然又怎么在将来建功立业呢？那么，他是如何有惊无险地渡过这个难关的呢？在下一章里，我再向读者详细解释。

第二章　六二：直方大，不习无不利

在《易经》坤卦的“六二：直方大，不习无不利”一爻中，“直”意谓待人要直率、真诚，不要动歪心思；“方”意谓处事要懂规矩、有分寸；“大”意谓在处理各类矛盾时，要怀抱一种豁达、大度的心态。至于“不习无不利”，有人将之理解为“就算不学习也没有什么害处”，但我认为这是说不通的。“习”的繁体字从“羽”，有“飞翔”之意，故而这句话可被理解为“人们在这个阶段只要不过分张扬、鲁莽，那么就算有点小小的挫折，也不会构成什么祸患”。

一、领导为什么欣赏这样的员工

我们单位以前有个驻店的导购员，生病住院需要做手术，不仅费用高昂，可能人还要卧床休息个把月，而且，她家里的经济状况也比较困难。按说，导购员是我们通过第三方派遣的，劳动关系并不在我们这里，公司只负责他们的日常工作管理、专业指导和培训。所以，原则上，我们公司只要派一个人作为代表去医院探视一下、送点水果什么的表表心意也就行了，同时赶紧要求第三方换人顶上，毕竟业务不能断。但由于这个导购员平时干得很出色，不仅业绩突出，而且每次上面有领导去她负责的店里检查工作，她都有礼有节，其他导购员有急事要请假什么的，她也都乐于帮忙顶班，所以的确攒了不少好评。令我印象尤其深刻的是，有一次，我去视察市场，刚好其中有她负责的那家超市，根据柜台上的排班表，我得知当天她本该休息。正当我们和几个一线营销人员在货架前讨论问题的时候，一个业务员突然指着一个身着便服、领着一个五六岁的小男孩朝货架缓步走来的中年女子喊道："这不是那个导购员吗！"

我们面带诧异地问她："你不是今天休息吗？"

她一边要求小男孩喊"叔叔"，一边腼腆地说："是啊，我带孩子来逛街，东逛西逛地，不知怎么就逛到这里来了。"

说实话，我当时的确是非常欣慰的，也很为这位导购员的工作态度感动——若没有这份责任心，又怎么会不知不觉地逛到自己的店里来呢？如果我们所有的导购员都有这样的责任心，又何愁公司的业务不蒸蒸日上呢？

可能正是出于这些原因，当地的主管就希望能留住这个导购员，便组织了捐款活动，希望能够帮她渡过这个难关。但考虑到业务部自身的能力有限，所以他们就将此事上报了公司，希望公司能够出面号召。

当时，我正好也在考虑如何提高导购员稳定性的问题。我们公司总计有1000多个导购员，她们平时在各大卖场工作，而导购员队伍的稳定性如果不强，就会增加很多额外的隐性成本。所以借着业务部的这个提案，公司内部一合计，索性就将这1000多个导购员组织起来，成立了一个“共济会”，一人有难，大家援助，相当于为我们这儿的所有导购员上了保险。由于这个导购员的名字叫孙帮娟，又考虑到我们的导购员全部为女性，所以我们便将这个“共济会”命名为“帮娟会”，并将筹集到的第一笔五万余元的捐款送到她手上，解了她的燃眉之急。所以你看，一个员工只要“直方大”，领导的眼里就一定有他，这近似于乾卦中“九二”的“见龙在田，利见大人”，所以，即便你有了困难，领导也一定会在能力所及的范围内，给予你最大的帮助。

我自己也经历过一件类似的事情。我之前在一家新加坡在华投资的食品公司工作过，后来，由于产品结构老化、市场份额不断萎缩，所以公司领导采取了很多的措施，以求渡过难关，其中包括给一些中高层管理人员降薪，以及不再续租位于杭州城区的写字楼，而是全部搬回自己的工厂，利用工厂中闲余的场地办公。因为这个工厂距离杭州城区近70公里，上下班十分不便，再加上收入又下降了这么多，我就觉得还不如换个单位干更合适，所以在公司宣布了上述决策后，我就向老板提交了书面辞呈。老板在做了象征性的挽留后同意了，又对我说：在找到新的工作之前，还是先留在这里继续帮助公司吧。我也同意了。

虽然我人是决定走了，但工作不能荒怠，于是，我继续认真地处理手头的各项事务，甚至由于觉得自己马上就要走了，为公司服务的日子也不多了，所以对于很多事情，我反而做得比平时还要卖力。既然自己还在岗位上，还拿着人家的薪水，那就要将自己的职业精神拿出来——这就是规矩，就是职场中谋事之人应秉持的“直方大”的操守。

离别的时刻终于到来了，老板特意请我们几个要辞职的员工去酒吧喝酒。酒至半醺，老板突然盯着我看了半天，说：“我觉得你这个人很有格局。”

我诧异道：“此话怎讲？我哪里有格局了？”

老板喝了一口酒，没有直接回答，而是挺起上身略带悲壮地说：“公司没有经营好，我很痛苦，但更让我痛苦的，是我没能留住你们这些人。给我些时间，等我再起来了，一定以双倍的价码，把你们请回来！”大家碰杯喝酒尽兴而散。过了几年，老板果然又在其他行业东山再起了。他也曾打电话邀请我再回去，只是由于我已经致力于教育行业了，所以也就未能成行，但老板在每年的员工大会上，都会邀请我过去讲课，也算是一种重续旧缘吧。

二、什么叫有规矩、懂分寸

就职场而言，有规矩、懂分寸就是要求一个员工在工作中既要积极主动，又不能太自作主张。我之前服务的那家公司曾经招聘了一位市场部经理，这位市场部经理入职不到两个月，就做了件令我非常不悦的事——未经我的允许，擅自采购了20万元的促销用品。虽然采购促销用品是会议上已经讨论通过的决议，但具体在哪家采购、以什么价格采购，总需要我的批准吧？可他未经我的允许就擅自做主，这种行为令我极其不满，所以我在会议上对其提案一票否决。他立刻紧张起来，甚至眼圈都发红了。

见此，我十分诧异：一个小伙子，不过在工作上受了点挫折，何至于此？于是，在会议结束后，我把他单独喊到我的办公室里，问他这是怎么回事——原来是他把话跟供应商说得太满了。我们并不是直接采购成品，而是要把各种颜色的毛线采购进来，生产出帽子、围脖和手套三件套，并把公司的标志织在帽子上。因为这个市场部经理跟这供应商以前有过合作关系且合作得比较愉快，供应商很信任他，所以为了赶工期，他已经擅自将各色毛线采购进来并开机生产了。如果在这个节骨眼上，我把这个提案否决了，供应商的麻烦就大了。想到这个情况，这个市场部经理自然急得眼圈发红。

当然，我并不是故意刁难他，他是我招进来的，我本该在工作中多给他些支持才对。其实，我只是想给他一个教训——这件事情，不是你可以随便拍板的。于是，我向他卖了个关子，告诉他：既然这样，那么公司就给你个面子，我们先采购10万的原材料，看看质量怎么样，如果不错，我们再考虑采购剩余的部分。这相当于分了两步，最后还是把他这20万的原材料都采购了，因为我的目的仅仅是给他提个醒：以后再碰到这样的事情，一定要先征求一下领导的意见。

所以啊，对一个职场新人来说，领导无论给你布置了什么工作，你都应该跟领导这样讲：领导啊，对于您布置的这个任务，我这里有三套处理方案。方案A是什么、利弊如何，方案B是什么、利弊如何，方案 C 是什么、利弊如何。我建议使用哪套方案，理由是什么……

在这里，我要特别强调，一定要附上自己的建议，不然领导可能就会觉得你主动性不强、专业度不高。不过，你在表明了自己的观点后，还要加上一句：“请领导定夺！”这就表明，你已把各种准备工作都做好了，只待领导来拍板。如果领导今天忙，听了你所说的，觉得大差不差，说“你们看着办吧”，那你再自己看着办。这样几次下来，你大概就知道什么尺度的事情是你可以自己看着办的了。如果领导今天有空，想跟你讨论讨论某些细节，那也没关系——多种方案、任何细节都考虑好了，足够讨论了。这就是既要积极主动，又不自作主张。切记，一定要把决定权留给领导。

三、韩嫣之死

相反，如果你总是恃才傲物、目中无人，那么可能就没这么好运了。汉武帝有一个非常得宠的近侍，名叫韩嫣，他就是因为缺少“直方大”的品质且有目中无人的恶习，所以最终丢了性命。

在汉武帝刘彻还是胶东王的时候，韩嫣就陪伴他一同学习玩耍，两人建立了深厚的友情。汉武帝即位之后，韩嫣越发显贵，不仅被擢为上大夫，甚至常常和皇上同睡同起，君臣之间的界限日益模糊。有一次，汉武帝的异母兄江都王刘非以诸侯王的身份进京朝见，汉武帝便下诏邀请这位长自己十二岁的哥哥一起到上林苑中打猎。御驾出发之前，汉武帝就派韩嫣乘坐副车，带着上百个骑兵先行一步，去上林苑探察兽类的行踪。

一直在路边翘首等待的江都王远远望见这个阵仗，以为是皇上到了，便赶紧让随从们退后避让，自己独自在路旁伏地拜见。结果，韩嫣对跪拜在地的江都王理都不理，旁若无人地驱车而过。车队过去后，江都王感到异常愤怒：自己是何等人——年方十五就主动请缨，奋勇参战，为平定“七国之乱”立下大功，被父皇汉景帝赐将军印、授天子旗，并接管吴国，何等威风！现在怎能忍受这么个媚上获宠之人的气？

况且，一个人在公开场合丢面子是比在私下里丢面子更为难堪的事，他不用回头，都能想象得出自己手下人惊诧的表情和异样的眼神。于是，江都王一气之下，跑到汉武帝的母亲王太后那儿告状去了。他哭着对王太后说：“请允许我现在就把封国归还朝廷，回宫给弟弟当个与韩嫣同列的值宿警卫，这样，我就也能享受到与韩嫣一样的荣宠了。”王太后得知此事后，便开始仇视韩嫣，但韩嫣毫不收敛，依旧嚣张跋扈，凭借自己近侍的身份，随意出入皇室女眷居住的永巷而毫不避讳。最终，他的奸情被王太后得知，王太后大怒，下令赐死韩嫣，就算汉武帝亲自替韩嫣谢罪求情，也没能求得太后的赦免，而韩嫣也为自己不加检束的傲慢狂浪付出了惨痛的代价。

四、擅自离开团队的经理

鉴于以上所述，我们平时在管理中也非常注重对员工“直”“方”“大”品性的培养。我以前工作的时候，就遇到过这么一件事：也不知老板当时是出于什么考量，把一个以前不归我管的业务部门归入了我的管理范围。可能是因为单位马上要推出“规模工资”的管理模式，即按照我们经营规模的大小来划分不同的工资等级，所以，这或许是老板对我的一种嘉奖。那么，一个新的团队要整体融入一个原有的成熟团队，中间一定会出现很多的问题。为了尽快实现新旧团队之间的互信和融合，我决定组织一次拓展训练，让老团队的所有管理人员、一些与一线联系比较紧密的关键岗位人员，以及新团队的全体人员（包括那个业务部的经理）一起参与进来，希望大家在短短两天的时间里，通过协作讨论来解决训练中预先设置的问题，最终实现团队的融合。

由于我们老团队的经理已参加过不少类似的培训，所以在培训开始前，就有几个经理向我提议，说他们想以观察员的身份在后面观摩，以免泄露了训练项目的要点。我觉得有道理，就同意了。结果在上午的培训进行到一半的时候，我发现那个新来的业务部经理不见了，直到中午吃饭的时候，他才再次出现。我便问他：“怎么上午后来没见到你，去哪儿了？”见很多人在场，他就说身体有点不舒服，所以回房间去休息了。吃完午饭，下午的培训还没开始，大家便坐在一起聊天。这时，那个业务部经理来到我身边，说：“领导，方不方便借一步说话？”于是，我们两个就去了我的房间。

进了房间以后，他把我递过去的烟点上，对我说："领导，其实今天我不是身体不舒服，而是心里不舒服。"

我问："怎么啦？"

他说："今天培训开始的时候，我手下的员工对我说，你看他们老团队的那些经理都坐在后面，而你这个新来的经理却要和我们普通员工一样在这里参加培训，你不觉得这是在针对你吗？这明摆着就是给你吃'杀威棒'啊！我觉得我没法回答我的下属……"

我说："就因为这个吗？"

"当然还有别的！"他补充道，"其实，我在来之前就已经听说了，老板之所以把我们调到你们这里来，就是因为对我们的管理不认可。而且我还听说了，你是一个非常喜欢用熟人的领导，早已把我的继任者选好了，我一来你就会换掉我……将这些联系起来一想，我就越来越气，干脆回房间了。"

听到这里，我大致明白事情的原委了。于是，我首先告诉他，这些经理之所以没有参加这个培训，是因为他们之前已经做过这个项目了，回避一下是为了避免破坏培训效果。当然，作为领导，我的确没有考虑到这种做法会给他一个新经理带来这样一种心理负担，这是我考虑不周所致。为此，我专门向他表示了歉意。同时，我又明确表态，我没有安排什么继任者来取代他，因为没有充分了解一个干部就做这样的安排，是一种极其不负责任的行为，而我不是这样不负责任的人。所以，我告诉他，千万不要有什么心理负担，干好了一样是我们的好兄弟。最后，我向他明确指出，我们明明没有这样的安排，但外面却传得沸沸扬扬、有鼻子有眼——如果这些传言只是人们茶余饭后的一些瞎猜，你若当真了，那就太糊涂了；但如果这些传言是别有用心的小人故意散布的，你若因此而心存芥蒂，那岂不是正中了他们的圈套？

看他有一点省悟了，我也要放一点狠话了，便问他："你作为一个领导，有点事想不开就抛下自己的团队，这是一个负责任的领导该做的事情吗？"

他也意识到了自己行为的不妥，便赶紧表示了歉意。我看他的态度已经有所转变，觉得还是要以鼓励为主，就说："当然，你虽有心事却没有做出其他的不当行为，而是主动与领导进行沟通，这还是值得肯定的。我就希望能在我们的团队中营造出一种畅所欲言的工作氛围，也希望你能够以一种正向的积极态度，带领着你的团队尽快地与老团队融合、尽快地进入工作状态。同时，我也已经嘱咐过老团队的相关人员，在处理新团队的相关事务时，要格外注意态度上的认真和诚恳。总而言之一句话，大家精诚合作，把工作做好，这才是最重要的。"这个经理听后，高兴地表示他心里的结已经解开了，并为自己擅自脱离队伍的不当行为致歉，保证下午积极参加培训，请组织看他以后的表现。

下午培训前，我特意找到了培训师，对他讲了这个小插曲，请他帮忙解释一下。培训师说没问题，这事交给他。培训开始了，培训师说："大家一定觉得很奇怪，为什么早上有一拨儿人没有参加培训。这是因为我每次来主持培训的时候，都能看到这几个人，已经对他们产生了‘审美疲劳’，为了不影响我的培训效果，我就把这几个人都请出去了。但今天下午的项目是他们没有做过的，所以现在让我们用掌声欢迎他们加入！”于是，我便借着培训师的这番话，彻底打消了这位经理手下人的疑虑。

五、卫青的“直方大”和“无不利”

上节讲卫青初涉职场，处处赔小心，的确可谓“直方大”了，但是眼下，灾祸却突然降临，“人为刀俎，我为鱼肉”，性命难保。那么，卫青是怎么渡过这个劫难的呢？

就在这性命攸关之际，卫青的好友、骑郎公孙敖带着一帮壮士把他从馆陶公主手中救了出来。而营救行动的幕后总指挥汉武帝，随后又做了一系列的人事安排：首先，将卫青任命为建章宫羽林军的军官。这就等于明确地告诉大家，卫青现在已经是朝廷命官了，谁都不得对他造次。其次，加卫青以侍中的头衔。这实际上是因人设岗，类似于现在总经理助理之类的职位，虽然看似是个虚职，但实际权力可大可小，既有可能对外全权代表领导，也有可能只帮领导订机票——关键看领导怎么个用法。

对于卫青在这个阶段的为人处世，史料中的记载并不多，但我们却可以通过后面发生的一些事情，推测出卫青真诚、谨慎、大度的行事风格。当时，有个叫曹梁的人对淮南王说：“大将军卫青号令严明，作战时身先士卒。扎营时，他得等手下人都喝上水了才喝；撤退时，他得等士兵都渡过河了才渡。而且，他还将皇太后赏赐的金帛全部分给了手下人。即便是古代的名将，也不过如此啊！”

从曹梁的话中，我们还要注意一个特殊的细节，即赏赐给卫青金帛的人是皇太后——汉武帝的母亲王娡。为什么要特别强调是皇太后呢？如果说，将赏赐的财物分给下属是卫青一贯的做法，那么这些赏赐品中，也应该是以汉武帝的赏赐居多吧？可曹梁怎么不说卫青将汉武帝所赐的金帛分与手下呢？

此事体现出卫青这个人处事之谨慎已经达到了一定的“境界”。由于汉武帝登基的时候年纪尚轻，所以其母后王娡对朝政屡有干涉，比如把自己的弟弟田蚡提拔到丞相的位置上。卫青头脑很清醒，明白对于太后的赏赐之物当然不便拒绝，只是他最终通过将太后赏赐的金帛分与军吏的方式，来撇清自己与后宫的关系，避瓜田李下之嫌，彰显出了自己对汉武帝的独忠。这高明的手腕与当年李广收下梁孝王的将军印之举形成了鲜明的反差，让人不得不服。

那么，卫青为什么会如此高明？是不是有高人一直在其背后指点？我觉得可能性不大。我认为，卫青这种性格的养成，与他儿时寄人篱下、为人奴役、看人脸色的经历是分不开的，也就是说，他经受过充分的挫折教育，知道做事情不能只顾及自己的主观意愿，而需要全面地考虑上级的意图与客观环境因素，因为他知道万事万物都有相辅相成的特性，而这也是坤卦须结合乾卦来理解的缘由所在。所以，虽然汉武帝对他恩宠有加，较之韩嫣有过之而无不及，但卫青并没有像韩嫣一样忘乎所以，而是在与汉武帝的相处中，始终非常高明地保持着一种合适的界限。

但是，他的那位外甥霍去病可就大不一样了。由于出身富贵，霍去病还是襁褓中的婴儿时，就已经贵为皇亲国戚，连名字都是汉武帝亲自起的，所以他全然不懂得体恤士卒，总是喜欢摆出一副骄横的派头。在霍去病率军出击匈奴前，汉武帝曾特地送了他几十车食物，在打完仗班师回朝时，尚有很多剩下的粮肉。但在行军期间，他眼看着士兵们忍饥挨饿，却无动于衷，不肯将食物分发给兵卒。类似这样的事例不胜枚举。正是这两种由各自的生活经历所造就的迥异的性格特点，决定了舅甥二人截然不同的人生走向。

第三章　六三：含章可贞，或从王事，无成有终

我们在办公室里，会不时地听到这样的话："好，又有惊无险地挨到五点了！大家下班散了吧！"如果真是这样的话，大家还研究职场策略干什么呢？我们花精力研究这些问题的目的当然是为了更好地完成工作，为家庭谋福祉，为社会做贡献。《易经》坤卦中的"六三"云："含章可贞，或从王事，无成有终。"也就是说，在"六三"这个阶段，我们要默默地提升自己的各项素质，一旦组织有所需要，就毫不犹豫地为组织做出奉献，就算过程曲折，我们也不要轻易放弃，更不要对成败得失耿耿于怀，要相信，只要坚持下去，我们总会获得好的结果。

比如，有的员工在职场上特别不愿意多干事，认为多干事就是被人利用了、吃亏了。但是，你如果换一个角度思考：被人"利用"，这正说明自己有价值，而一个连利用价值都没有的人，与废物又有什么区别？这样，我们的心中便会恢复平衡、获得动力。鉴于此，我们要不断提高自己的"可利用性"，让更多的人想来"利用"自己，如此一来，我们的身价也就自然而然地提上去了。

一、“含章可贞”首先体现在服从组织安排

我们的老板曾经突然萌生过一个想法：要模仿部队，在全国各经营公司实行双指挥制，既有“团长”又有“政委”。这可能是出于两个方面的考虑：第一，避免分公司总经理因权力过于集中而滋生腐败；第二，为了做好必要的梯队人才储备。所以，总部需要相应地增设一个辅助性的管理岗位。我在得知此事后，赶紧给北京一个我一直看好的兄弟打电话：“兄弟，赶紧和你领导、家人商量商量，行的话就过来吧，这是个好机会。”于是，这兄弟在把一切都安排妥当后就来到了总部。可没过多久，老板又觉得之前的想法不成熟，把他从岗位上撤了下来。这让我很尴尬——总不能再让人家回去啊！虽然在总部为他安排个工作并不难，但我曾向人家许诺过的职务和待遇就落实不了了。然而，他一点怨言都没有，让他干什么他就干什么。专业不对口，没关系，边干边学——人家毕竟是从北大毕业的，学习能力还是很强的。就这样，他把领导安排的各项工作都踏踏实实地做好了，见到我时，也依旧恭敬有加。他越是如此，我就越是觉得对不住他，所以每次有什么会议，我都尽量让他一起参加，以提高其“曝光率”。果不其然，在我离开那家公司两年后，他就接替了我的岗位。由此可知，在职场里，很多时候，着急毫无用处，我们能做的只有等待机会。“无成有终”的“终”字可以理解为一种坚持——就算暂时取得不了成功，也要坚持下去，相信经过努力而获得的结果不会太坏。

所以，在机会到来之前做好准备，一旦机会降临，我们就能第一时间将其捕获。

二、“含章可贞”其次体现在对领导的指示理解到位

我们平时在公司里，或许经常会遇到这种情况：我们向其他部门的同事交代、布置一项工作，交代得不可谓不详细，布置得不可谓不周到，但当这个人做完之后，你却发现这不是你预期的结果。领导给下级布置工作也是一样，总会遇到下级理解不到位的情况。为什么？因为有很多细节，他都理解错了。那么为什么我们交代得那么详细的事，他还是会理解不到位呢？这就与人的理解能力有关了。

领导为什么是领导？专家为什么是专家？就因为他们的文化水平、工作经验、专业背景乃至所掌握的各种后台信息往往比较丰富，所以领导、干部认识问题的过程有一个特点——跳跃性强。

但问题是，人们总是以自己的理解路数来与他人进行沟通，这自然会造成他人的理解障碍乃至理解失误。既然如此，那么我们又怎么可能把一个自己都没有思考成熟的问题向下级交代清楚呢？这在技术层面上是难以实现的。正是因为这样的原因，我们的组织在工作中就会经常出现一些或大或小的问题。

“高升号事件”是甲午战争的开端，当时，朝鲜东学党叛乱，

作为宗主国的清政府应邀入朝协助平叛。筹备已久的日本亦借机出兵，意图染指朝鲜内政，清政府旋即增加兵力，与日本抗衡。当时，清廷向英国租借来运兵的商船“高升号”，从塘沽出发前往朝鲜牙山，结果却在牙山外海的丰岛附近被日本“浪速号”巡洋舰拦截。日军要求“高升号”上的清军投降，在遭到严词拒绝后将舰船悍然击沉，致使近千名清兵殉难。

看到这里，大家一定会有疑问：当时实力号称亚洲第一的庞大的北洋舰队怎么就不派船护航呢？据史料记载，当时的北洋大臣李鸿章曾给其下属、北洋海军提督丁汝昌发过这样一份电报：“汝须统大队船往牙山一带海面巡护，如倭先开炮，我不得不应，祈相机酌办。”可见，李鸿章其实在一开始就对情况有所预判，也做了相应的部署，还特意交代丁汝昌统“大队船”前往。

可丁汝昌却认为牙山地处汉江的出海口，范围狭小，故回电：“牙山在汉江内口，无可游巡，大队到彼，倭必开仗，白日惟有力拼，倘夜间暗算，猝不及防，只听天意。”

李鸿章见下属不太听话，有点愠怒，索性夹枪带棒地复电：“牙山并不在汉江内口，汝地图未看明。大队到彼，倭未必即开仗，夜间若不酣睡，彼未必即能暗算，所谓‘人有七分怕鬼’也。叶号电，尚能自固，暂用不着汝大队去。将来俄拟派兵船，届时或令汝随同观战，稍壮胆气。”

丁汝昌见李鸿章在复电中说用不着他去了，便按兵不动，这最终致使没有军舰护航的“高升号”陷入了日本舰队的包围，并被击沉。

我们看地图就可以知道，牙山的确是在汉江的出海口附近。当时，中国没有“海湾”这一说法，而是以“口”来代称，所以其概念内涵是比较模糊的。如果丁汝昌当时能将李鸿章指出的“牙山一带海面”的范围向其确认清楚，而不是直接在电报里以“无可巡游”之言来否定领导的安排，李鸿章就或许还能够再进一步地向下属阐述自己所说的“牙山一带海面”的具体范围，而不是直接讥讽下属胆小怕事，那么或许也就不会出现“高升号”的悲剧了。

这给了我们什么启示呢？那就是我们一定要把沟通中由于技术性障碍所导致的误解及时地暴露出来，并且想出有效的解决方案，而不要等到执行时再去暴露、再去解决。因为你在沟通中暴露并解决问题的代价小，可能不必花费太多的人力、物力，而你若在执行中再去暴露、解决问题，付出的代价可就不同了。所以，今后我们给下属布置任务时，可以视具体情况，要求他将任务安排复述一遍，看看他是不是真明白了；或者，我们自己在接受任务时，也可以主动一点，带着纸和笔去，详细地做些摘要，等领导布置完了，不妨再向他复述一遍。而我们在复述的过程中，如果领导觉得我们的理解还不到位、认识还有偏差，就会及时地予以指正。我们只有先确保自己的理解与上级的意图完全吻合，再将这件事情付诸实践，才可以在最大程度上保障和提高我们的工作效率。如果你没有与领导想到一起，就一意孤行地盲目开展工作，那么你就有可能在职场上一败涂地。

大家都知道，“戚家军”是中国历史上一支组织效能非常卓越的部队。这支由戚继光训练出的军队，在前后近十年的时间里，基本上荡平了当时横行于东南沿海、对明王朝构成严重威胁的倭寇。其间，“戚家军”斩杀倭寇近十万人，战斗力不可谓不威猛。戚继光曾著有《纪效新书》，在里面详细地记录了他编练“戚家军”时的一些条令，其中有这样的记载：“发号施令，预先决定，不可临时反复，使三军疑惑……每传毕，差巡视旗于街上，或歇家，唤二三个军来问之，照不知条内，查治所由。”这相当于前期的宣传工作。后面还有更详细的条文：“凡发放过，候大小将领俱发放毕，主将抽队下一军向前，问今日所发放何事。若能知其大略，则已；如全不知，则取队长问之。队长能言之，则治军兵以不听受之罪。队长不能言，则取本旗总问之。旗总能言之，则治队长之罪，军免究，是队长传不明也。如旗总不能言，则取本哨官问之。哨官能言之，则治旗总以罪。哨官不能言，则取本管把总问之。上至营将，一体皆然。”这意味着在“戚家军”中，任何一道指令的下达都有跟进机制，指挥官要从基层士卒是否理解指令开始，逐级往上倒查，从而确保全军对指令的理解完全到位。所以在当今，我们真的应该好好学习一下古人的智慧，不要因丢弃了宝贵的文化遗产而在同一个地方反复摔跟头。

三、“含章可贞”还体现在有效地获得理想的结果

很多时候，一个人真的已经很努力、很尽力了，天天加班，

废寝忘食，但就是得不到好结果。为什么？因为要想成功，单凭努力是不够的，还需要有技术。鉴于此，我们还是得掌握一定的工作方法，才能有效地获得理想的结果。

给大家讲一件现实中发生的事：很多年前，我曾经去一家银行办理一项委托代收业务。这个银行的规模不大，在当时也根本没有叫号系统，顾客办理业务时，只要在业务办理窗口一米线后排队就可以了。我去的时候是下午两点多，当时正值盛夏，天气很热，所以银行里面也没什么人，我去了就排在第二位上，前面的那位先生好像是要申请一张信用卡，在填各种表。我等了很久，百无聊赖之际，看见银行的门开了，进来了一个女子，径直走到了我身后。她穿着一身宝蓝色的套装，长发在脑后绾成发髻，下巴抬着，一副高冷的样子。

她进来不多久，门又开了，又进来了一个女子。这个新来的女子没有排队，便拿着一张储蓄卡直奔办理柜台，趴在柜台上看着旁边正在办业务的男士。我不由得想：她是想插队吧？但又觉得既然人家还没做出实质行动，那么我就不太方便出面干涉。

但我后面的那个女子按捺不住了，主动采取了“维权行动”。她往前跨了一步，拍拍那人的肩膀，用下巴尖往后一摆，示意她到后面排队。那女士回头将其上下打量一番，就没再搭理，掉过头去继续趴在柜台上。我身后的女子一看这样，火气上来了，不仅语气硬了起来，下手拍得也更重了：“说你呢！回去排队！”后来的那位女士“哗”地转身面向她，一场战斗眼看就要爆发了。

这时候，一个关键人物出场了，是银行的大堂经理。这个大堂经理一到，就马上开始了劝导工作：“不好意思，这位女士，请您到后面排队。”那位女士抬头瞥了一眼，说：“我知道，我在她后面，但是我就喜欢待在这里，怎样？”于是，这个大堂经理就开始劝说起来：“对不起，我们银行是有管理制度的，顾客必须在一米线后排队。您看，您趴在这里，也会影响这位先生办理业务啊。来，您还是排到后面去吧。”那位女士一听，就开始给自己找理由了：“我累了嘛，趴在这里休息一会儿难道不行吗？我就喜欢待在这里了！”这时，大家都露出了点鄙夷的表情。见此，大堂经理又说了一句：“您如果真的累了，我们后面有沙发，您坐在沙发上等不也是一样吗？现在人又不多，等轮到您的时候您再上来，好不好？”这句话无疑拆了那位女士的台，引得她当场发起了飙。最后，由于动静闹得实在太大，连外面路过的行人都跑进来看热闹。

这件事情最终是什么结果？我也不知道。我都已经办完业务了，他们却还在闹。当然，这个“闹”是单方面的，那位大堂经理自始至终都保持着职业所要求的起码的礼貌，反复地说着“请您配合”“请您遵守”。我们当然不能说这位大堂经理不敬业，因为人家的确兢兢业业地按照自己的岗位职责开展劝导工作，但我们能不能说这个大堂经理很出色呢？我看恐怕也很难这么说，因为她没有获得理想的结果。而我们做任何事，总是要讲求效果的。

就我刚刚讲的这个案例来看，如果换个场景、换种角色关系，它就会变成我们平时工作、生活中屡见不鲜之事。那么，倘若这样的事情被你碰到了，你应该怎样做才能有效地获得理想的结果呢？

其实，解决问题不外乎两种方式：一种是“就事论事”的解决方式，一种是“事出有因”的解决方式。那位大堂经理所用的方式就是一种“就事论事”的解决方式，因为就实际情况而言，的确是那位女士不遵守公共行为准则、不配合银行的管理制度，所以相应地，这位大堂经理就要对其进行规劝。只是，这种解决方式虽然中规中矩，但成效不一定好。

我们再来看第二种“事出有因”的解决方式。请问，这位女士来银行的目的就是吵架吗？显然不是。所以，这是个突发事件。既然是个突发事件，那么其背后一定有某种原因，而我们若找到了这个原因，就可能找到了解决问题的突破口。说白了，原因其实也很简单，就是为了面子。其实，那位女士也知道自己做错了，但由于她觉得服软会使自己丢了面子，故而采取了这种极端的方式来保全自己的面子。

找到了原因，问题解决起来也就简单了。既然她是怕丢了面子，那么就给她面子呗！大堂经理当时完全可以这么讲：“这位女士，不好意思啊，这都是我们的疏漏。如果我们在这里设个显眼的告示牌，提示大家必须在一米线之后排队，今天的纠纷或许就不会发生了。我们在管理上确实还有很多不到位的地方，请您给我们多提宝贵意见。”像这样，把过错揽到自己身上，只会让旁人觉得你很大度、有涵养。而那位女士见有人替她善意地解了围、给了她台阶下，她自然也就不闹了。看，事情搞定了吧？

所以，当你只会“就事论事”地解决问题的时候，你工作起来只能事倍功半；但当你学会以“事出有因”的方式去解决问题之后，你工作起来就会事半功倍，特别高效。

拿发生在我自己身上的事来讲，前段时间的一个晚上，我与妻子在聊天时说：“今天给我做助手的那个小王老师真不错哎，工作十分积极主动。我在黑板上写完板书，又做了一些相关的讲解，等转身再写板书的时候，却发现他已经替我将黑板擦干净了。”

妻子当即来了兴趣，问道：“那小伙子长得帅不帅？”

我说：“帅，相当帅。山东人，长得有棱有角的。”

妻子又问：“那他有多高？”

我说：“有多高？这我倒不清楚。我是一米七五，那小伙子站在我身边的时候，好像比我高出半个脑袋，我想得有个一米八吧。”

妻子依旧不罢休：“那他多大年纪了？”

我立即回答：“他孩子都两岁了！”

妻子一听，没兴趣了，闭口不再多问了。怎么样，这算是答非所问吧？但正是这答非所问，把问题很好地解决了。为什么？你想，妻子问我这些问题的目的是什么？想给别人介绍男朋友呗！我妻子在医院工作，身边年轻的小护士一大把，而她这个年龄的女人，又往往热心于做这种事。既然她有这个目的，那么我回答“小伙子三十一二岁”有意义吗？直截了当地说“人家都有孩子了”不就完了？

所以，每当有人问我有没有某件东西时，我不会直接回答

“有”或“没有”，而往往会反问他要这件东西有什么用。因为他要的东西我未必有，但他想拿这东西去做的事，我或许能通过其他方式帮忙解决。所以，重点不在于我是否有这件东西，而在于你借这件东西的目的是什么。当我们形成了这种对话习惯与工作方式以后，我们的办事效率就会与从前大不一样。

在这里，我顺便再送大家一句话：先解决心情问题，再处理实际事务。不要跟一个心情不好的人理论，因为在这个时候，哪怕他觉得你是对的，但由于情绪上的抵触，他仍然可以举出很多例子来反驳你。所以，你不妨等他心情舒畅以后，再和他探讨问题。已婚人士应该对此深有体会：你在家里跟你对象吵架，目的是什么？是不是为了让对方认可你的观点？但是大家也发现，用吵架这种方式来说服对方，效果并不好，这是由于对方正处在情绪不佳的状态，所以尽管其心中可能认同你的观点，但照样会举出很多你曾经干得不怎么漂亮的事作为反例来否定你的观点。鉴于此，你日后在与你的同事、领导或家人想要发生争执时，不妨先让彼此冷静下来，然后再与对方慢慢协商。以争吵为方式来对别人进行劝说，是徒劳无益的。

四、卫青如何“含章可贞”

建元三年，卫青升任太中大夫，这个偏文职的职务表明他已经不再是仅仅从事原先简单的警卫工作，而是正式参与到朝廷重大事务的讨论和裁定中来了。从卫青担任太中大夫到元光五年首度领军出征匈奴之间，足有八年，但这期间发生的事，司马迁只字未提，这恐怕与他对卫青等当时比较得势的将相们的主观态度有关系。司马迁本人在史学上虽颇有建树，但在职场上则是一个失败者。我们从《史记》中各卷内容的排序上便可看出端倪：李将军列传、匈奴列传、卫将军骠骑列传、平津侯主父列传……司马迁把为汉朝立下不朽功勋的卫青、霍去病排在李广甚至匈奴后面，在一定程度上说明了他个人在内心深处对于这些权贵不甚认可，而对李广这样有着与他相似的职场遭遇的人则抱有深切的同情。但是毫无疑问，这八年是一个天才将领韬光养晦的八年，在这八年中，卫青一定像一块海绵一样，拼命地吸收各种知识，提高自己各方面的能力，正所谓“含章可贞”。八年后，他将破茧成蝶，为他的君主洗刷耻辱，为他的家国赢得安定，为他的时代书写胜利与荣耀交织的宏伟篇章。

当时的汉武帝也正有意要对匈奴用兵，因为对于西汉朝廷而言，最主要的军事威胁就来自北方的匈奴。秦始皇曾派蒙恬率领秦军将匈奴逐出河套地区，但秦汉之际，中原地区连年战乱，匈奴势力借机重新聚合，并不断骚扰西北边境，抢掠物资和人口。汉初，由于国力尚未恢复且汉高祖刘邦又曾在白登山被匈奴包围数日而差点丧命，所以汉廷对匈奴一直采取一种被动、克制的对抗策略。

但经过文景两朝的休养生息，到了汉武帝执政时期，汉朝国力有了长足的恢复和发展，钱粮充盈，汉武帝已经有和匈奴正式掰掰手腕的底气了。元光五年，他终于决定以“一线平推”的战术对匈奴进行第一次主动反击。当时，汉朝军队兵出四路，每路一万骑兵。其中，卫青为车骑将军，出上谷；太仆公孙贺为轻车将军，出云中；太中大夫公孙敖为骑将军，出代郡；卫尉李广为骁骑将军，出雁门。从这个布置来看，汉武帝显然是把希望寄托在了中路的公孙敖和李广这两个人的身上，而公孙贺和卫青则处于两翼策应的位置。

但这一仗的结果极其不理想：公孙敖的部队损失过半，李广更是全军覆没，自己也被匈奴活捉了。公孙敖与李广两人论罪皆当处斩，虽最终花钱赎回性命，但还是双双被贬为庶人。公孙贺则相当于“公费旅游”，在大草原上逛了一遭，看遍了蓝天白云青草牛羊，就是没看到一个匈奴。唯独卫青率众直抵匈奴各部首领会盟祭天的龙城，斩敌数百，算是有了一点胜果，多少为汉武帝挽回了一点面子。

对于这样的战斗结果，我们若站在匈奴的角度来看，还是可以理解的。如果你是匈奴主帅，在探知了汉军的军事行动部署后，是分兵逐个击破，还是集中优势兵力痛斩其中一路呢？而如果要痛斩的话，斩谁？当然是那个不可一世的李广。所以，单于才下了这样的命令——如果捉到李广，必须活着押回来让我看看他到底是个什么样的人。可见，匈奴在战前已经有了针对性很强的部署，集中了最精锐的兵力来对抗李广，故而公孙贺和卫青这两路也就没有遇到匈奴的主力部队。但卫青与公孙贺不同，他初次担任一线指挥，就敢于在敌境中大胆穿插，并纵深迂回到敌后，直捣其“大本营”龙城，虽然从歼敌数量上来看，其战果并不卓著，甚至是“无成”，但是，卫青此举却打破了“匈奴不可战胜”的魔咒，极大地鼓舞了汉军的士气，故而也可称得上是不辱使命。这件事让我们初步看到了卫青的胆魄，也使卫青真正实现了身份上的逆转。

那一年的秋天，卫青再次领兵出征。三万铁骑出雁门，斩杀匈奴数千人。

隔年，卫青第三次率军出云中而至高阙，击溃匈奴白羊王和楼烦王的部队，收复了河朔地区，并缴获牲畜数十万。汉武帝下令修建朔方城，来加强对该区域的行政控制，卫青也被封为长平侯，从一个“职业经理人”正式成为“事业合伙人”。

河朔大捷，就当时来看，其政治意义、经济意义都是极其重大的。从西汉政权的层面来看，它解除了匈奴长期以来对都城长安的直接威胁，同时也为汉朝赢得了河朔草原这么一大块肥沃丰饶的养马练兵之地。从卫青个人成长的层面来看，它使卫青收获了信心、积累了经验、提升了战斗力。从当初龙城之战的斩敌数百，到如今的斩敌数千并收缴大量战略物资，卫青在实战锤炼中，逐渐变得胸有成竹、从容不迫，而这柄大汉的利剑必将崭露锋芒，给予匈奴最后的致命一击。

又过了四年，元朔五年春，卫青率三万铁骑出高阙，进攻匈奴右贤王部。

在这一仗中，卫青的指挥能力又有了实质性的提高，这体现在他出其不意的用兵策略上——他率领骑兵连夜长途奔袭右贤王的本部。右贤王根本没有料到汉军会在夜间来袭，当晚与部下喝得酩酊大醉，结果被汉军包围。惊慌失措之余，他只能带着一个最受宠的小妾和几百个卫兵突围而去，而剩下的十多个小王、一万五千多名部下以及大量的牲畜则都被汉军缴获。

汉军得胜回朝，行至边境，见汉武帝早已派使者持大将军印在此等候，卫青当即被拜为大将军。看来，汉武帝还是非常懂得“激励艺术”的，而他的这个做法即为“激励艺术”中相当重要的一种——“即时激励”。为什么减肥这么困难？就是因为你付出的努力在短期内是很难看到成效的，所以这令很多人坚持不下去。相反，为什么麻将一打就是七八个小时，人们却依旧精神亢奋？就是因为每一把无论输赢，其结果都是即时可见的，而这就相当于一种“即时激励”。所以，大家若做管理层面的工作，日后在设置激励制度的时候，可以此作为参考。

不管怎么说，卫青终于实至名归地走到了为人臣子的权力巅峰，这就是《易经》坤卦“六三”中所说的：“或从王事，无成有终。”

第四章　六四：括囊，无咎无誉

接下来，《易经》坤卦的“六四”告诉我们：一个人只有在“括囊”之后，方能“无咎无誉”。在这个阶段，你已获得了一定的成绩，掌握了一定的权力，上升到了一定的平台，所以千万不要掉以轻心、恣意妄为，而要牢记要将权力关进笼子里，做到谨言慎行。在这个阶段，最重要的不是是否有人赞美你，而是是否有人诟病你，正所谓树大招风，所以千万不要成为竞争对手攻击的靶子，这一点最为要紧。

一、在公示期被取消的先进

我在分公司工作的时候有一个下属，她在各方面的表现都很出色，连年被评为先进。这一年，又要评先进了，按照集团公司下发的标准，本次的先进评选有集团公司先进和各经营公司先进两档，但这两种奖项不能兼得。

于是，分公司人事部经理就在内部会议上建议，让她放弃已经评上的分公司先进，去参加集团公司先进的评比。因为通观其各方面的表现，她极有可能被评为集团公司先进，这样不仅可以为分公司赢得更大的荣耀，而且她本人还能获得一家三口赴济州岛旅游的奖励，同时也腾出了一个分公司先进的名额，为别人提供了机会。大家都觉得这是一个非常好的建议，纷纷表示赞同，她本人也对此表示认可。

最后，总公司先进评比的结果出来了，她也顺利地被评上了，可谁料在公示期内，却有人投诉，说她经常破坏劳动纪律，做先进不够格。这是怎么回事呢？原来，她的女儿年龄尚幼且体弱多病，时不时要去医院看病打针，所以她经常会请半天假或者早上晚一点儿来公司。但我看她平时总会加班加点地完成工作，就觉得不必这么较真，而且在分公司的管理层，大家都很认可她的工作能力，所以也一直没把这当个事。

但问题就是，你能保证所有人都喜欢你吗？你能保证所有人看你都顺眼吗？一个管理者，如果真能做到让所有人都喜欢他，那他还是管理者吗？不就成老好人了吗？最后，正是由于这么一个小小的原因，这位下属被取消了集团公司先进的资格，真的非常可惜。她本人也觉得有点委屈，情绪低落了一段时间，虽然后来在分公司层面，大家通过动议，以其他方式给她补了个安慰奖，但这个奖项所带来的荣誉感与被评为集团公司先进所带来的荣誉感是完全无法相提并论的。

从这件事情上，我们可以感悟到：你的位置越高，盯着你的人就越多；你的光环越大，你的瑕疵被发现的可能性也就越大。所以在这个阶段，《易经》要求我们“括囊”，这是很有现实指导意义的。

二、行百里者半九十

“行百里者半九十”这句话出自《战国策·秦策五》，意谓如果一个人的目标是走一百里，那么当他走了九十里的时候，只能算走了一半。很多人对此不理解，觉得既然都走了九十里了，不就相当于已经完成了任务的百分之九十了吗？

是的，从绝对路程来看，的确已经是百分之九十了，但从挑战的困难程度来看，这说不定才是刚刚开始。因为之前和你一起出发、展开竞争的人可能都是一些平庸之辈，而你即便在这样一场竞争中胜出了，也没有什么大不了的。但是，前面的九十里走下来后，那些能留下来和你继续竞争的是谁？是精英中的精英、强者中的强者！所以在这时，我们需要拿出比别人至少多出百分之五十的专注力和意志力，去迎接下一场挑战。

孟子说得好：“天将降大任于是人也，必先苦其心志，劳其筋骨，饿其体肤，空乏其身……”什么意思呢？就是说当你感觉到压力最大、困苦最多的时候，当你感觉到工作中困难重重、想撂挑子认输不干的时候，其实可能正是机会离你最近的时候。所以，大家切记“咬定青山不放松”！只要我们相信自己的方向是正确的、目标是靠谱的、策略是有效的，那就咬牙坚持下去，看谁笑到最后！直到某一天，那层窗户纸突然被捅破，你就会发现成功原来离自己这么近并庆幸自己当时没有放弃。

所以，通向成功的道路并不是一帆风顺的，其间一定会有挫折与坎坷，既然如此，那么为什么不让挫折与坎坷来得更早一点？

趁我们还年轻、还“在田”，哪怕犯了错误、跌了跟头，也依旧能从地上爬起来，拍掉身上的尘土继续上路。等我们到了“飞龙在天”的时候，还有资本犯错吗？没有了。到那时，我们犯的每个错误都可能是致命的、使我们万劫不复的。所以，大家不妨趁着年轻，多干点事情，不要怕犯错误。相信在很多年之后，当你们再重新审视那些曾经犯过的错误时，可能就会发现，原来这都是人生中的宝贵财富。

当然了，犯错误还是有代价的。倘若你犯的错误实在太严重了，领导就不会只是训斥你了，可能还要对你进行严肃处理，甚至将你撤职。大家有没有被撤过职？如果没有，那么你还真算得上是一帆风顺的。我就曾经被撤过。当年我在可口可乐公司的时候，好不容易论资排辈地当上了分公司经理。那时候，公司里也没有什么岗前培训，所以现在回想起来，我当时的确有很多地方做得不到位。最终，我因在处理几件事情时出现了失误而被撤回总部待岗。

那是2000年的一个寒风肃杀的深秋之日，我接到了其他分公司经理的通报：“总监已经视察完我们这里，往你那里奔了！兄弟，赶紧准备起来！”意思就是，从香港来的营销总监要到我的“属地”检查工作。于是，我赶紧召集手下，花了大力气，专门布置了一番，希望给领导留下一个好印象。我看到仓库里还有十来个“岚风”（当时可口可乐公司推出的一款专门以都市白领女性为目标消费者的茶饮料）货架还空着，当即拍板，要求业务员们马上将其集中到步行街主要店家的显眼位置，并在上面摆满可口可乐公司的各类产品，营造出一个欣欣向荣的景象。

结果总监看了以后，不但没有赞许之意，反而冷冷地问道："你知道这种货架多少钱一个吗？"

我说："知道，市场部报价800元一个。"

总监接着问："那你知道不知道这个货架是'岚风'专用的？而且，按照市场部下发的指示，这种货架是大卖场专用的？"

我说："我知道，但这些是布置完大卖场后剩余的。"

总监说："把它们摆在步行街的店铺里，你觉得能实现总部所要求的价值吗？"

我看到自己的努力不仅没有获得领导的赞许反而受到了质疑，就辩解道："那放在仓库里不是更没有价值吗？"

总监对我顶嘴的行为表露出明显的不满，斥责道："那你为什么不报告总部，把它们调剂到其他的分公司呢？"

我暗想：这还用你说？其他分公司剩下的也多着呢。无非是人家将之放在仓库里没让你看见而已。好心办坏事，我也是不走运。但看到总监有点光火的样子，我也就不解释了。

但不承想在吃午饭时，我又犯了一个错误。我原以为级别这么高的领导专程来我们这儿视察，无论如何也得好好招待一下，所以就事先在本市最好的饭店预订了雅致的包间，并想当然地点了一桌以海鲜为主的菜肴。

可总监一进包间就对我说："把工作用餐搞得这么铺张干什么？是不是给你们的费用太多了？"

不一会儿，海鲜都上来了。总监见了，回头问司机："你没有和他们说我不吃海鲜吗？”

司机为难道：“他们也没问啊……”

我赶紧接话：“那我再点些菜……”

总监冷冷地回绝：“不用了，已经点了这么多了，再点就更浪费了。就吃这些吧。”

我坐在那里，吃也不是，不吃也不是，那场面要多尴尬有多尴尬。

席间，总监又问：“你们这个分公司到年底能实现多少销售量啊？”

我当时也不知是怎么了，居然脱口而出：“不知道。”我本来想表达的意思是，只要我们大家都尽力了，经销商也配合了，量多量少其实并不是主要问题。但是当时，总监在听到这样的回答后，显然非常错愕，他难以想象一个对自己的任务都不明确的人是怎么做到这个岗位上的。本来，他下午还计划去参观分公司装修中的新办公室，但现在觉得已经没有什么必要了，所以吃完饭后，他便以有其他事为借口，直接上车走了。一个月以后，我就被撤职并回到了总部。

很多以往的同事回总部公干之余经常来看我，目的是来安慰我。怎么安慰呢？唉！时运不齐、命途多舛啊，冯唐易老、李广难封啊！我实在受不了了，告诉他们：你们不要再安慰我了，给我一年的时间，我还会回去的！我把话放出去了，也好像把压力施加到管理层了，但实际上，我是把压力给了自己。一年以后，我却没能如愿——这都是因为那个香港营销总监。他就觉得我这个人不是块儿料，甚至看到我都会避着走——这就很麻烦了，这相当于我失去了重新在他面前展现的机会。

当然啦，人事部的总监后来找到这位营销总监，问了他这个问题："你对你们营销部门的林峰是怎么打算的？到底还给不给他升职了？如果你们觉得这个人真的不合适，那就退给我们人事部，让人事部帮他看看公司内有没有合适的平台。"因为人事总监考虑问题的出发点和营销总监肯定有不同之处，他觉得对于组织内部这种奋发图强、积极向上的年轻人，如果不给予其必要的肯定，又怎么去向其他人解释所谓"唯才是举"的原则？最后，在这位人事总监的关心、帮助与提携下，我又回到了相应的位置。我想，我之所以还能获得晋升，主要原因就是我自己没有放弃。人家想拉你一把，你总得伸手吧？如果你自己都放弃了，那么人家也就把你看扁了。

三、被撤职的营销总监

我不妨告诉大家，在一个大组织里，能够真正沉潜下来干一番事业的人未必是那些本事最大的人，本事最大的人往往坚持不到最后，因为他们经不起诱惑、耐不住寂寞、受不了委屈。真正能够沉潜下来干一番事业的，是那些能力尚佳且能够承受住各种考验的人。

几年前，我的一个同事被猎头挖到一家公司做营销总监，我与其偶有联络，知道他一切都还顺利。

有一天，他突然打来电话："我被撤职了。"

我说："啊？怎么回事呀？上次你还说干得挺愉快的啊，是不是犯了什么错误？"

他说："哪是犯了错误呀！我们这儿新来了一个总经理，是带着'铁杆'一起过来的。我原本干得好好的，也刚刚干出了点儿业绩，大家还都比较认可，结果他一来就把我撤了，又把自己的人扶了上去。我们部门很多人意见很大，都向我明确表态，说愿意陪我去老板那儿请愿。兄弟，你说对于这件事情，我们应该如何处理？"

当时，我就对他讲："我要很负责任地告诉你，这件事没有任何的操作空间。不信，你就去试试看，上级会马上给你定性——'裹挟下属要挟组织'！那不彻底完蛋了吗？除非你日后不打算在这家公司待下去了。但如果你不去的话呢，这件事尚有转机。你要相信自己的能力。"

后来，他们当然也没去，因为这次请愿的提议本是出于一时的情绪，等他们情绪慢慢平复了，纷乱也就压下去了。

过了一年，某一天，我又接到了他的电话："兄弟，这次我要告诉你一个好消息。"

我说："什么好消息啊？"

他说："我们这儿的营销部成立了'事业一部'和'事业二部'，我现在被任命为'事业一部'的负责人，和总经理手下的那个'铁杆'平起平坐了！"

我说："哎呀好啊，恭喜你了！现在，你再回过头来想想，如果当初你们去请愿了呢？"

你看，在新来的领导最需要你用实际行动来配合他顺利开展工作的时候，你以你个人的牺牲与付出支持了新领导工作的全面开展，领导眼里自然会有你的：好同志啊，受委屈了！并会将你长久地记入他的"名单"里。

所以，在遇到挫折的时候，我们要耐得住寂寞、咽得下委屈、经得起各式各样的考验，这才是职场中人应有的姿态。

四、魏其侯和武安侯

与卫青同时代的高官贵戚，还有魏其侯窦婴和武安侯田蚡，这对冤家可就有故事了。窦婴是窦太后的侄子，因平定"七国之乱"有功，被汉景帝赐封为魏其侯。当时，很多游士宾客都争相趋附魏其侯，使其一时声名鹊起，每当朝廷讨论军政大事，列侯们也都不敢与魏其侯窦婴平起平坐。但到了武帝朝，新外戚势力的代表人物武安侯田蚡崛起，并取代窦婴做了丞相。人走茶凉，之前那些趋附在窦婴周围的宾客渐渐自动离去，甚至对他倨傲轻慢起来，只有一个名叫灌夫的老部下没有改变原先对窦婴的恭敬态度，所以窦婴也格外厚待他。

田蚡迎娶燕王的女儿时，他的姐姐王太后下了诏令，让京城中的列侯和皇族都去田府祝贺。结果，灌夫在婚宴上因替窦婴打抱不平而得罪了田蚡，被下了狱。窦婴极尽所能，试图搭救灌夫，但由于大家都忌惮田蚡的权势，窦婴申援未果。窦婴的妻子也劝他："算了吧，灌夫得罪的是太后的人。现在满朝文武都要看田蚡的脸色，灌夫还有救吗？"

但窦婴坚持要救灌夫，对妻子说："大丈夫岂能见死不救，不然的话，独自苟活还有什么意义？我的侯位是当年自己挣来的，现在即便将之舍弃，也没什么不忍心的！"于是就瞒着家人，私自上书给汉武帝。汉武帝读后，马上把他召进宫去，窦婴就把灌夫醉酒失言之事详细地说了一遍，认为其罪不至死。汉武帝认为他说得有理，便赐宴招待了他，并说："我们到东朝去，就此事进行公开辩论。"

但这次廷议最终在双方的对峙中，由对灌夫一人之罪的审定变成了前后两任丞相的对咬。这有点像夫妻俩吵架，吵到最后就已经不是就事论事了，而变成了互揭老底。窦婴首先揭发田蚡曾收受淮南王的贿赂，能言善辩的田蚡马上进行了反击："天下幸而安乐无事，蚡得为肺腑，所好音乐狗马田宅。蚡所爱倡优巧匠之属，不如魏其、灌夫日夜招聚天下豪桀壮士与论议，腹诽而心谤，不仰视天而俯画地，辟倪两宫间，幸天下有变而欲有大功。臣乃不知魏其等所为。"意思是说，我也就是喜欢点娱乐性的东西，不像你们这班人整天聚集在一起，不怀好心地议论政治，盼望朝廷出现变故，以便有所图谋！

你看这齿牙与手腕！窦婴只是揭露了田蚡的一个经济问题，而田蚡却揭露了窦婴的一个政治问题。人言可畏吧？窦婴随便聚个餐、发个“朋友圈”，都能被定性为政治问题。虽然田蚡所指控的都是一些推测性的、甚至是子虚乌有的事，尚不足以构成实质性的罪责，但这也已经足够了，因为在皇权社会中，为人臣子，弄权就是最大的问题。于是，田蚡化被动为主动，牢牢地把握住了这场廷辩的胜局。

汉武帝据此要求其他与会者发言。御史大夫韩安国本来就是靠经营与田蚡的关系而从梁国属官升为朝廷大员的，所以他做出了两不得罪的评论，已经算是很难得的了。为此，田蚡很是不满，便在会后专门等韩安国出来，质问道：“我们两个联手对付一个老东西，是多么轻而易举的事。你为什么还要如此畏畏缩缩躲躲闪闪？”韩安国回过头来，用其一贯秉持的“君子量大”的处事原则教育田蚡说：“既然窦婴诋毁你，那么你当时就应顺势除冠冕解印绶，向皇帝请罪说窦婴所言极是，你不配做这个丞相。这样一来，不仅皇帝会觉得你谦恭大度，不会让你离职，而且窦婴也会因自己的言行而羞愧得无地自容，恨不能自杀谢罪。可今天，他诋毁你，你便也诋毁他，就像两个女人吵架一样，真是一点体面也不讲。”这一番话，令田蚡自愧不如，连连点头称是。

参会的汲黯等其他一些官员算田党中人，所以都站在田蚡这一边，剩下的官员一看这个情势，也就没人敢表态了。汉武帝见此局面，非常生气，便厉声斥责了一个内吏：“平时都会说长道短，现在要你们表态了，却一个个扭扭捏捏得像刚套在车辕下的小驹子。老子一刀砍了你们这些人！”说完，拂袖而去。这就有意思了，汉武帝为什么要对一个名不见经传的内吏发火？

其实，像汉武帝这样的大领导，一定有一种平衡管理思维，哪怕他因田蚡的攻讦而不太喜欢窦婴，但也实在不想让田蚡胜得如此轻松，所以他需要对田蚡有所压制，只是苦于不能表现得太过明显，毕竟田蚡是当朝的丞相、母后的弟弟、自己的亲舅舅。故而汉武帝迫切需要有人能够在这个时候站出来，为他扮演这个“恶人”的角色，但可惜没有这样的人，所以，他在失望之余，只能拿在场者中职位最低的内吏出气了。这一招也叫“指桑骂槐”，即矛头虽指向内吏，但训斥的实是那些没有站出来为自己表态的大员。

汉武帝回到后宫，向母后献食请安，但王太后早已得到了第一手消息，便摆脸色不肯吃饭，并给儿子施加压力：“如今我尚健在，他们就敢这么欺负我弟弟，他日我死了，我们王家的子弟还不得变成任人宰割的鱼、肉？你这个做皇帝的外甥难道就这么心如铁石、无动于衷吗！”见母后发威，汉武帝也没辙了，最终，性格耿直的魏其侯窦婴被诬以矫诏罪，判处弃市。

所谓“括囊，无咎无誉”，说到底就是不要在乎有多少人赞美你，而要在乎是否有人攻击你啊。魏其侯的死，说白了，就是因为被人“咎”（揪）住了“小辫子”啊。

五、卫青是如何做到“括囊”的

当下属的发展达到某种高度时，便极易引来上级的猜忌，于是，上级就会在各个方面对其施加相应的制约。如果下属在这时还不警觉，反而一味地矜炫张扬，那就违背了《易经》坤卦中“括囊”这一点了。西汉很多原本在政治上很有前途的文官武将，最后都是在这个环节上栽跟头的。都说历史会重演，所以即使是在当今社会，我们自己身边的那些人，又何尝不像这些古人一样呢？

而卫青在处理这方面的问题时，就老到多了。在他第二次率部出征漠南的时候，发生了这样一件事情：当时由右将军苏建（苏武的父亲）和前将军赵信率领的三千余骑大军在行进中遇到了单于主力，交战了一整天，汉军几乎损失殆尽。赵信曾任匈奴相国，在投降汉朝后，被封为翕侯，此刻，他见形势紧急，匈奴兵锋又锐不可当，就干脆率部投降了。苏建独木难支，最终全军覆没，独自一人跑回来复命。

一场关于如何处置苏建的会议就在汉军的主帅帐内召开了。会议当然由卫青主持，与会者主要有军正、长史、议郎等。卫青先要求各位僚属建言，议郎周霸首先发言：“自大将军出兵以来，还从未斩过裨将。现在苏建抛弃部队独自求生，正好斩了以彰将军之威。”

军正闳和长史安马上反对：“兵法上说，若兵员不足，再顽强的部队也终究会被击败。苏建以千余兵卒抵挡单于的几万人马，鏖战了整整一天，即使士卒全部阵亡也不敢对朝廷生背叛之心，此举可嘉。如果就这样把他斩了，则一定会造成不良的示范效应，日后，将士一旦作战失利，就都不敢回来复命了。所以万万不能斩。”

如果说周霸是站在管理者自我利益的角度思考问题，那么这两个人则是站在了制度导向性的角度来思考问题，的确显得更具管理水准。这也使我想起了另一个故事。孔子的门生子贡在他国游历时，赎回了一些已经沦为奴仆的鲁国老乡。依据鲁国政策，谁赎回了在外为奴的鲁国人，政府都将付给他相关费用。由于子贡经济宽裕，所以他也就没去申领这笔费用。孔子知道后，非但没有表扬子贡，反而指责他道：你子贡是财大气粗，可能不在乎这几个钱，但你这样的行为其实是抬高了道德的门槛，你让别人以后还赎不赎呢？赎回来领取费用，会被人指责境界不高，若不领取，自己也有经济压力。为了一己之名望而破坏良好的社会秩序，这可不是贤德之人应做的事。这个故事的深层寓意是，管理者应当明白自己的言行具有导向性，会给组织内的成员造成一定的影响，所以在做出决策之前，要充分考虑这些因素，不要以小善养大恶。

卫青见大家议论完毕，最后以领导的身份做了总结性的发言：“卫青我以国戚的身份带兵打仗，不怕没有威信，而周霸劝我杀败将以立威之言，大失我为人臣子的本意。即使我有斩杀战败之将的职权，凭我如今的地位，我也不敢在国境外擅行诛杀，而应将实情呈报天子，让天子自己裁决，以此表明臣子的谦卑敬慎之心，不也是可以的吗？”卫青从尊重领导权威的角度进行了阐述，一方面是就事论事，讲此事该如何处理，另一方面也是意在以这样的方式，对下属进行必要的职业教育。由此，我们可以发现，卫青还是具备很高的管理水准的，正像搞营销的人要懂得“事件营销”，从而把握热点、创造营销机会一样，搞管理的人也要学会“事件管理”，将其认为应该被下属接受的管理思想，通过平时企业经营活动中发生的各类事件，潜移默化地渗透下去。

于是，苏建被押至汉武帝巡行驻跸之地，但汉武帝并没有杀他，而是将其贬为庶人。天子不诛，其实就是对卫青不擅作主张而将权力归于天子之举的一种肯定。一君一臣两大高手隔空对唱，联袂演绎了一出有关职场教育的戏码——《权力的游戏》，来教导所有在职场中手握权柄的人该怎么用好这份权力。所以，把权力关进笼子里，就是《易经》坤卦中“括囊”的寓意所在。

可能大家会觉得坤卦中寓含的思想实在窝囊：始终畏首畏尾，一点气魄也没有。没办法，因为坤卦作为从卦，要考虑的始终都是如何与作为主卦的乾卦匹配。我们在开篇就讲过，坤卦与乾卦之间，是有潜在联系的：乾卦的“九四”是“或跃在渊”，与之相应，在坤卦中的这个阶段，人们也会隐隐觉察到一个潜藏的威胁，或者说障碍。对于卫青而言，这个潜藏的威胁正是一颗冉冉升起的将星，即卫青自己的外甥——霍去病。霍去病在和匈奴的战斗中展现出了他杰出的军事天才，就在这次跟随舅舅出战的过程中，他表现得尤为突出，仅率八百骑兵就横扫匈奴，可谓勇冠全军，故而在战后被汉武帝封为冠军侯。而卫青却因部下苏建和赵信的失利与叛逃，没有得到任何封赏。在这里，我们隐隐嗅到了一种不妙的气味，按炒股者的专业术语来讲，就是有点“顶部背离”的感觉了。

更加要命的是，这种此消彼长一直持续着。元狩二年，霍去病于一年之内三次出征攻打匈奴，屡建奇功，特别是他打通了河西走廊，将汉朝的疆域和西域连为一体，使贯穿长安、敦煌并沟通欧亚贸易的“丝绸之路”得以形成，更是对后世影响深远。但是，卫青却在这一年中没有获得任何出征的机会。很明显，汉武帝对如日中天的卫青已经有所防范，并试图以另外树立军事偶像的方式，来平衡卫青在朝中的势力，防止卫青一枝独秀、尾大不掉。

这个时候，卫青的策略就是稳扎稳打，谨慎小心，不求有誉，但求无毁，故而安全地度过了这一平台期。

如果你对这一关的应对策略能参透于心，并且像卫青一样，时刻保持“括囊”的姿态，时刻谨记“无咎无誉”的训诫，那么你就可能峰回路转，迎来一个更好的发展境遇，也即我们下一节要讲的坤卦“九五”。

第五章　六五：黄裳，元吉

《易经》坤卦中，“六五”的爻辞是：“黄裳，元吉。”“黄裳”，即黄色的下装。我们知道，古代的服饰都是有明确的等级界限和象征意义的，《周礼》中就有对服饰的形制、色彩、章纹的详细描述，而不同身份等级的人可以穿什么颜色和图案的服装，也都是有明确规定的。一般来说，平头百姓穿的衣服，不准有任何纹饰，被称为“白衣”，所以后世称庶民为“白丁”，至于刘禹锡《陋室铭》“谈笑有鸿儒，往来无白丁”中的“白丁”，则在“庶民”含义的基础上又做了进一步引申，指没有学问的粗人。正所谓“天玄地黄”，黄色就是大地的颜色，在中国古代被视为五种正色之一，代表着中正、谦退的德行。所以，“黄裳，元吉”的潜在含义就是：一个人只有始终保持谦逊之德，方能获得大吉。

一、什么样的人能成为“铁杆”

前几年，有一部电视剧《亮剑》被各个电视台轮番重播，以致我现在都对里面的情节记忆犹新。剧中的主人公叫李云龙，是个团长。他有个下属叫张大彪，是个营长。这个李云龙属于那种个性比较张扬的干部，所以就会经常犯错。有一次，他没有遵从上级的部署，而是自行选择了正面突围。战后，上级领导对他进行了处分，把他调去了独立团。对此，李云龙说：我服从组织安排，不过，我想带走一个人。这个人是谁呢？张大彪。

大家有没有发现，领导身边往往有这样一些人，虽然数量不多，但领导无论走到哪里，必定把这些人带到哪里——这些人其实就是领导的“铁杆”“心腹”。他们对领导的各种习惯都了如指掌，并能相应地做出周到的安排，所以这些人如果不在领导身边，领导就会深感不便。

那么，这个张大彪何德何能，能让李云龙对他如此依赖，走到哪里带到哪里？我们不妨来看一件小事。李云龙娶了一个媳妇，不等入洞房，他的媳妇就被日本人抓住并关到了县城。那李云龙当即决定攻打县城，便将命令下达到各个下属部队。

命令下达到张大彪那里的时候，张大彪刚打完了一个小伏击战，正带领着手下的士兵打扫战场，但在听闻团部通信员传达的命令以后，张大彪立刻大声号令：“集合队伍，马上出发！”有个小兵提醒他道：“营长，咱们还没打扫完战场呐。”“打扫战场”对当时的八路军来讲，是一件意义重大的事情，因为一个战场打扫下来，各种物资装备就都有可能获得很大的补充。但是当时，张大彪只说了三个字：“不要了。”

其实，我们是否可以根据当时的实际情况来看——一个营能打多大的伏击战？如果他们抓紧时间打扫完战场，然后带上战利品直奔县城参战，并争取比以往跑得再快一点，把失去的时间夺回来，这样就既不影响打扫战场，也不耽误攻打县城，岂不两全其美？何况“将在外，君命有所不受”，李云龙不也曾根据实际情况，将上级的部署丢至一边，而选择了正面突围吗？

其实，李云龙不服从上级指令、自行根据战场情况调整战略的行为是值得商榷的。笔者认为，问题的关键是在我军通信设备尚不太完善、命令传达亦不太及时的情况下，对于李云龙这种级别的干部，组织上是否赋予了他一定的权力，使他可以根据战场动态，及时做出调整。如果这只是李云龙的个人行为，那么这种行为将给下属开一个不好的先例，以后若上行下效、相率成风，那还有什么组织观念可言？

但张大彪没有想那么多，既然上级要求马上出发，那么下级就要排除万难，坚决服从上级的命令。正是由于张大彪对于上级的指令一直持有这样的一种执行力，所以李云龙视其为“铁杆”，无论走到什么地方，都把他带着。

二、学会听令——听令的最高境界

当然，在很多时候，出于一些特殊的原因，领导并不会将指令对你说得太过直白，有时甚至还可能会用开玩笑的方式来下达命令。我们不妨先来看一则小故事：

某校的系花大学毕业了，要回很远的家乡，四个同时爱慕她的男生一起去车站送行。火车马上就要开了，四个男生都想说点什么，但碍于彼此，谁都没法开口。最后，系花笑着说："你们是不是舍不得我走啊？那么有本事的话，就跟我一起走。"当时，四个男生都愣住了："怎么能说走就走？""这明显是在开玩笑啊。""我的棉被还晒在操场上呢……"但当车门关闭的一瞬间，其中一个男生纵身跃上了火车，留下另外三个男生在站台上目瞪口呆。

一年后，在这个女生的婚礼上，那三个男生问她："你为什么决定嫁给他？"女生反问："那你们为什么不上车？我当时就说，有本事就跟我走啊。"

一个男生说："我还以为你在开玩笑呢。"

另一个男生说："我还没来得及准备……棉被还晒在操场上呢。"

最后一个男生说："我觉得可以先通过微信聊着嘛，等我的事业有了起色，再追求你也不迟啊。"

他们三个人都有自己觉得站得住脚的理由，但问题是火车不会因这些理由而停留。最终得执美人之手的，是那个把姑娘的玩笑话当作命令去执行的人。这就是听令的最高境界！

要知道，一个领导，他的地位越高、成就越高、威望越高，他各方面的顾忌也就越多，因为他代表着组织的理论高度与道德高度，所以他对自己的一言一行都是相当审慎的。很多时候，他虽然已有了某种想法，但对这种想法尚存犹疑，故而在这个时候，他多半会以开玩笑的方式来对你进行暗示。

倘若你听懂了领导的深层意思并去认真地执行了，自然不外乎两种结果：要么成功，要么失败。如果你成功了，那你就要及时向领导报捷，领导得知后，往往就会对你心生赏识，也就把你列入“名单”里了。即便你没有取得成功，领导心中也肯定明白你为他付出了、牺牲了，从而对你充满愧疚，并会通过其他渠道好好地补偿你一下。这就是听令的至高境界。

我曾经给上海一家企业的员工上过课，讲的就是这些内容。在课间休息的时候，其他的学员都出去茶歇了，只有一个小伙子坐在那里，仰头望着天花板发愣。我心里已经大致猜出了原委，便走过去拍拍他的肩膀，说：“小伙子，想起来了吧，领导当时为什么要跟你开这个玩笑啊？”小伙子苦笑着朝我点头。晚了。曾经有一个机会出现在你面前，而你却当它是玩笑，所以，你就只有在错失机会之后追悔莫及了。

我在这里不妨告诉大家：领导没有工夫跟你开玩笑，他对你讲的每句话都是有用意的。而且说实在的，领导很怕你会产生误会。你可以发现，对于他不希望你去做的事，他在跟你谈话的时候，会将之彻底否决，所以你想都不用多想；而当他把某扇门向你敞开，并以开玩笑的方式引你进入时，其实就是在向你含蓄地授意。

所以，听命的至高境界，就是要听懂领导的“弦外之音”。什么叫“弦外之音”呢？我给大家讲个典故。2015年，江西南昌的一个古墓被发掘出来，墓主是西汉的海昏侯刘贺。这个人的一生可谓波澜起伏：他先嗣位为昌邑王，后在霍光的操纵下即位为帝，但最终被废为海昏侯。所以，他是中国历史上唯一一个既做过王，又做过帝，还做过侯的人。当时的辅政大臣霍光原以为自己亲手把他提拔起来，他就会对自己感恩戴德，因而容易被自己控制，但后来才发现刘贺其实是个比较要强的君主，并不甘于受控，于是，他就罗织了其为帝的27天中所做的一千多件坏事，把他废了。最终，霍光在一众皇室子弟中挑来拣去，找了一个最没有势力的人即位为帝，他就是戾太子刘据的一个孙子。大家知道，这个戾太子就是卫子夫和汉武帝的儿子，在“巫蛊之祸”中被江充陷害，不得不起兵造反。失败后，他的后人几乎全部罹难，只剩这个在其亲信的庇护下得以幸存的孙子，也就是后来的汉宣帝刘询。

刘询登基以后，霍光就把自己的女儿霍显嫁给了刘询并希望女儿能被封为皇后，以便他能进一步加强对朝廷的控制。但刘询在民间时，其实已经娶过一个名叫许平君的平民妻子，所以刘询在内心深处，其实更希望自己的这位结发妻子来做皇后，但他同时也明白，自己是霍光选拔出来即位为帝的，放眼如今朝堂之上，又都是霍光的人，更何况海昏侯的前车之鉴尚赫然在目，所以自己的心思肯定是不方便讲出来的。怎么办呢？据《汉书》记载：“公卿议更立皇后，皆心仪霍将军女，亦未有言。上乃诏求微时故剑，大臣知其指，自立许婕妤为皇后。”怎么解释呢？当时的大臣们在讨论立后事宜时，都顺着权臣霍光的意愿，推举他的女儿来做皇后。对此，刘询当然也不便直接拒绝，但是他很聪明，下了一封诏书，说他当初在民间的时候曾有一柄很喜欢的剑，但在辗转迁徙中丢失了，所以请大家帮他找寻这把剑。于是，每天都有很多剑被进呈到皇帝面前，但刘询看后，什么也不说，只是摇着头笑。慢慢地，就有一些机灵的大臣反应过来了——这柄“故剑”不会另有所指吧？皇上对一柄“故剑”尚且用情如此之深，那么倘若是一个故人呢？于是，在大臣们的提议下，皇帝的结发妻子许平君最终做了皇后。这就是“故剑情深”一词背后的典故。

由此可见，如果你能够听出领导的“弦外之音”，那么就没有什么指令是你听不明白的了，而你也将慢慢地变为领导的“铁杆”。

三、卫青的逆袭

当时，平阳公主的第二任丈夫已过世，她正寡居着，按理说，应在列侯中挑选合适的人尚公主——由于公主不是一般人，所以“娶公主”得说成“尚公主”。按照汉代礼制，只有列侯级别的人才有与公主成婚的资格，所以平阳公主就和身边的亲近之人讨论长安城中的诸位列侯谁比较合适。大家纷纷建议：“还有谁更合适？卫青啊！”

平阳公主失笑道：“卫青不曾经是咱家的奴仆吗？以前，我总是踏着他的背上马的。他若做了我的丈夫，岂不要爬到我头上去？”

左右人都说：“大将军现在可是当今皇后的弟弟，三个儿子都被封了侯，其声望之隆，一时无两。主上不应该再拿以前的旧眼光看他了。”

于是，平阳公主欣喜地接受了这个建议，并托人给汉武帝说了自己的意愿。汉武帝一听，也很高兴，就这样，卫青这个汉武帝的小舅子竟然又“逆袭”成了汉武帝的姐夫。

卫青以平阳公主府为起点，踏上仕途，最终却又兜兜转转地回到了这里。这仿佛是冥冥中的一种轮回，但又不是简单的循环。因为平阳公主府实为卫青年轻时真正意义上的家，是他的归属，所以从这个角度来说，“尚公主”其实意味着卫青的衣锦还乡，是上天对他半生努力的一种肯定。卫青以其踏实谨慎又不失积极奋发的进取精神，历经千难万险，终于登上了人生的最高舞台。而且，平阳公主在卫青过世之后再不改嫁，并在死前立下遗嘱，要求与卫青合葬，亦从侧面反映出卫青在公主心中的分量。

而卫青和汉武帝之间的关系，更是达到了一种非同一般的境界。据司马迁《史记》记载，卫青在与汉武帝讨论问题时，武帝“居厕视之”。有人根据字面，将此句话解释成“汉武帝蹲在马桶上看着卫青”，我觉得这个解释并不准确。这个“厕”字，在古汉语中亦通“侧”，所以，这句话表示的应该是“随意地靠在床榻一侧”的意思。虽然，这只是我的一己之见，但不管作何意来理解，这句话都体现出了武帝在与卫青相处时的放松状态。已经登上相位的公孙弘平时和汉武帝讨论问题时，“上时不冠”，即汉武帝经常连帽子都不戴，不怎么讲究仪容；但只要是那个一本正经的汲黯求见，汉武帝则“不冠不见”——这就充分体现了亲疏之别。就好比卫青与领导谈工作，领导一边刷牙一边下指示，完全不用顾及自身形象；公孙弘与领导谈工作，领导经常会与他并排坐在沙发上谈，依旧显得平易近人；但只要汲黯来了，领导则一定会在办公桌旁正襟危坐。司马迁写这段文字，是为了刻画汲黯耿直严谨的行事作风。既然他秉公处事，从不给皇帝留面子，那么皇帝自然也敬重这个下属。但大家其实都知道，领导对你越客气，就代表他对你越戒备、越设防；而领导若对你随便且严厉，甚至不给你留面子，才真正说明你在领导心中有着不一般的地位。

可是，很多年轻人对于这一道理总是不能通透地理解。比如说，在面对领导的批评时，很多员工就喜欢给自己找各种借口来推卸责任。

多年前，我们公司曾赞助过一个艺人的演唱会，其实就是一个被包装成演唱会的商业活动，主要目的还是广告宣传。由于我们是主赞助商，所以手上有很多门票，需要将之赠予我们的一些VIP客户，以此来维护客户关系、扩大产品影响力。在演唱会刚开始的时候，我去了现场，觉得效果非常不理想：有很多想进但进不去的人，被执勤的保安拦在门口，举着各式各样的牌子，大声喊着自己偶像的名字；但等到演唱会真正开场之后，我却发现场内的很多座位依旧空着——虽然很多人拿到了门票，但由于他们对这个演唱会并不感兴趣，故而依旧没来。

于是，在周一的管理例会上，我就将这件事提了出来，说：“公司花了这么多的钱，请艺人来演唱，可为什么想来的人来不了，而不愿来的人却在那里浪费资源呢？市场部，你们要向大家解释一下。”

市场部的经理便说：“领导，这不是我们的错，因为总部把门票给我们的时候，时间已经很紧了，所以我们只能按名单寄送，根本不可能在这么短的时间里去弄清每个人的意愿。”

我听后，当即正色问他：“总部把门票给你们时，时间已经很紧了，对于这种情况，你能够改变吗？”

他说：“不能。”

我说：“既然你不能改变，那么你为什么拿它当作借口呢？这种突发情况其实就是对你们工作能力的考验，你们市场部的责任就是在这么短的时间里，通过团队的努力与智慧，把这件事处理妥当。你哪怕是去拉人，也要把座位给我填满，而不是在这里向我强调理由！”

中国有句老话，叫“扬善于公堂，归过于私室”，意思是表扬一个同志，要尽量在公共场合，而批评一个同志，则尽量在私下里。为什么呢？因为要考虑到他的自尊心，照顾到他的面子。但实际上，我们却经常发现领导会当众批评一个下属。领导之所以会当众批评一个下属，不外以下几个原因：首先是为了帮助他提高认识与工作水平；其次是借这次批评，给其他人统一一下思想，省得他们以后再犯同样的错误；再次就是在批评的过程中，领导也能树立起他的管理权威与人格威望。也就是说，在领导当众批评一个人时，他至少是抱有这三个目的的。可结果倒好，领导一批评你，你马上就推卸责任，这样一来，你让领导怎么办？一条一条地来与你争辩吗？

相反，如果今天领导批评你了，而你的态度很端正，说：“领导，我的确做得不到位，您批评得太及时了。以后，我一定按照您的要求开展工作。请您再给我个机会，看我的表现！”

领导一看，自己的三个目的全部达到了！爽不爽？日后，他自然也就对你另眼相看了。总之，大家一定要明白，领导若对你盯得很紧，经常对你严厉斥责，反而表明他对你寄予了厚望。所以，当领导再训斥你时，你要知道领导其实是关心你、看重你的，要振作起来，不要为之沮丧。

四、新提拔干部的“周亚夫之坎”

当然，从另一个角度来讲，我们也并不强求每个人都要达到“黄裳，元吉”这样的境界。对某些人来说，“括囊，无咎无誉”也可以理解为自己在“六四”这个层面上发展的最高境界，接下来，他们就可以通过在这个阶段中的修炼与精进，来实现人生的目标。说实话，并不是所有人都能够不断地往上发展的，因为组织的结构是金字塔形的，越往上，人数越少，同时，越往上，人精越多，斗争也就越激烈。所以，人与人之间保持一个合适的距离，可能更有利于和谐，因为就实际情况而言，大部分人还是在下面的各个层次上充当着基石的角色的。所以，拿破仑说的“一个不想做将军的士兵不是好士兵”这句话是有一定局限性的——如果人人都做了将军，还有谁来做士兵呢？不同的人，应对能力不一样，对生活的理解和对目标的设定也不一样，所以各自有各自适合的层面，而那种不考虑实际情况的一味冒进，则未必是好事。

我们单位曾经有这么一个分公司总经理，他的各项能力都很均衡，在接手分公司总经理的岗位以后，他工作非常勤勉，表现在业绩上，也有足够的说服力。所以，总部在慎重考虑并征求他的意见之后，将他调到了集团总部的总监职位上。按理说，这于他而言，相当于“黄裳，元吉”了，但这个同事去总部工作没多久，便提出了辞职。最后，不但总部失去了一个理想的业务总监，分公司也失去了一个优秀的总经理。因为，他若不被提拔的话，至少在分公司层面，他的地位还是稳固的。

由于我与这位同事的私交不错，所以他对我也能坦诚相见。他辞职的主要原因是他觉得在总部工作与在分公司工作的差异太大，这种差异超出了他的认知范围。比如，于公而言，在分公司时，他是一把手，业务层面的事，只要是他想干的，就没有不被允许的。但是在总部就不一样了，这里藏龙卧虎且头绪繁杂，要干一件事，总会牵涉太多部门间的利益，很多时候，即便开好几次协调会，都无法达成一项协议，这令他感到多方掣肘，所以做起事来也就没有以前在分公司时那么得心应手了。况且，虽然以前的职级低，但在分公司里，他可以说一不二，人人唯其马首是瞻。现在虽然职位高了，但在总部里，职位高、资历深的人比比皆是，没人会把一个新晋者当回事。这感觉上的落差，大家可以设身处地想一想。于私而言，人在不得志的时候，往往会特别想家，他原先在分公司时，白天为工作打拼，晚上则“老婆孩子热炕头”，其乐融融，但来到总部之后，他却只能在宾馆里消磨漫长孤寂的夜晚，再加上当地正好有家猎头公司一直在游说他，所以在一番深思熟虑之后，他干脆抽身而退了。

所以，“括囊”也可以被理解为一种知足常乐的心态。一个人只有学会顺势而为，在各种条件皆已齐备的情况下取得成功，才叫水到渠成。人们若顺应天时，自然会得到最好的结果；但若轻举妄动、操之过急，则是拔苗助长，反而于事不利。所以，各位读者朋友一定要审时度势，把握住最适合自己的发展节奏。

这一点其实可以与乾卦的“九四”结合起来理解。乾卦的“九四”中有言：“或跃在渊，无咎”，就是说人们必须先具备了跃龙门的本事，再付诸行动，才会取得成功，不然的话，就可能适得其反。我们再回到乾卦仔细看看：“初九”中的“潜龙勿用”说的是龙，“九二”中的“见龙在田”说的也是龙，但到了“九三”中的“君子终日乾乾”这里，就是在说君子了，“九四”中的“或跃在渊”虽然没有主语，但根据我们的解读，应该也是指君子，到了“九五”，其中的“飞龙在天”又是在讲龙了，最后，“上九”中的“亢龙有悔”还是提到了龙。那么，为什么唯独“九四”“九五”两爻讲的是君子呢？这是不是值得我们好好研究研究呢？

其实，坤卦“六五”的爻辞虽是看似大吉大利的“黄裳，元吉”，但照样有一道暗坎潜伏在那里，此时，上级会纠结于是否进一步赋予你更大的权责，并会采取一定的方式对你进行考验，这些考验的手段可能超乎你的想象，如果你受不了，那么上级也就可以判断出你差不多已经“到头”了。这个“到头”是什么意思？看你怎么理解了。

汉文帝后元六年，匈奴大举入侵边境，周亚夫领军一部驻防细柳。文帝亲自前往劳军，在别的军营都畅行无阻，官兵大开营门恭敬迎送，唯独见细柳军营营门紧闭，将士们都身披铠甲，手执兵刃，戒备森严。文帝的前导车无法进入，便上前叫门道：“天子就要到了，请开营门！”军门都尉却说：“将军有令，不得擅开营门。军中只听将军号令，不听天子诏令。”最终，经周亚夫传令，文帝一行人才得以进入。

这时，军营的守卫士官又对文帝的车马随从说：“将军有令，军营里禁止驱马奔驰。”文帝听后，便令御者拉紧缰绳缓慢前行。到了营中，周亚夫持剑拱手行礼说：“身穿铠甲的将士不能跪拜，请圣上允许我以军礼参见。”文帝大为动容，盛赞周亚夫号令森严、治军有方。后来，文帝在临终前，叮嘱日后即位为景帝的刘启说：“国家如果发生了危难，周亚夫是真正可以担负重任的人。”

景帝即位后的第三年，“七国之乱”爆发。周亚夫升任太尉，率兵攻打吴楚叛军，只用了三个月便平定了此次叛乱。回朝之后，周亚夫被升为丞相，深得景帝器重。后来，周亚夫因卷入了立嗣之争，和窦婴一起为废太子极力争辩，使景帝对他心生反感而刻意疏远。又过了一段时间，由于在一件事上与景帝意见不一，周亚夫干脆称病退居家中，之后，又因病而被免除了丞相职务。

但在周亚夫被免职后不久，发生了一件很有趣的事情。汉景帝专门在皇宫中召见他，赏赐酒食，可是食案上只放了一整块未切的肉而没有可供使用的筷子。周亚夫心中不满，也没有揣摩皇帝的用意，马上扭头叫掌管筵席的官员去取筷子。景帝看着他，笑着问："难道这些尚不能满足你吗？"周亚夫心中一惊，连忙脱帽谢罪。汉景帝不再说话，起身离席，周亚夫也就只好快步离去。景帝叹息着，对本次"干部任职评议"做了以下结论："此怏怏者非少主臣也。"意谓像这种稍遇一点事就心生不满的人，是不能胜任辅佐少主之责的。

没过多久，周亚夫的儿子为他购买了五百件盔甲，作为日后的陪葬之用。工人们搬运得很辛苦，可周亚夫的儿子却不付工钱，工人们一怒之下，便上告说周亚夫要谋反，周亚夫也就因此被押送到当时的司法总长——廷尉那里审问。廷尉责问周亚夫是否要谋反，周亚夫说："我所买的盔甲都是陪葬用的，怎么能说要谋反呢？"廷尉却讽刺道："你就是活着的时候不谋反，将来到了地下，恐怕也是要谋反的。"正所谓"欲加之罪，何患无辞"，就这样，周亚夫被关入狱中，日日遭受着狱吏的羞辱，于是绝食五日，终至吐血而亡。

汉景帝为什么要让周亚夫死？明太祖朱元璋给了我们明确的答案。朱元璋在晚年杀害了很多功臣，在皇太孙朱允炆劝阻时，他将一根满是尖刺的木棍扔到地上，叫朱允炆去捡，朱允炆自然不敢伸手。朱元璋便冷冷地说："我之所以做这些，就是为了帮你拔去这些刺。"

其实，汉景帝并不是非杀周亚夫不可，相反，他一直在考虑：对于周亚夫这样能力出众的人，后期应该如何任用。汉景帝邀周亚夫赴宴，实际上就是给他出了一道题目来考验他，看他是否能够保持为人臣子所应具备的恭敬与忠诚。但可惜的是，周亚夫没有参透汉景帝深密的心思，行事过于粗莽直率，致使汉景帝最终为了保证政权的平稳过渡而对他采取了极端的手段。

周亚夫曾官至太尉，这在当时相当于武官的最高级别，之后又升任丞相，更可谓位极人臣，达到了“黄裳，元吉”的境界，但是，他没能留意到这样一道暗坎，结果被这道坎绊了个大跟头。

所以，资质平凡的人一般是在栽了跟头之后学乖；聪明的人则只需看人家栽跟头就能学乖；愚钝的人却是自己反复栽跟头都学不了乖，反而还怨天尤人，真可谓是冥顽不化了。

第六章　上六：龙战于野，其血玄黄

为什么说到了“六五”就位极人臣了呢？因为再继续发展下去，就到了坤卦中的“上六”：“龙战于野，其血玄黄。”什么意思呢？意思就是你的势力已经扩充得足够大并影响到了乾卦，所以，如果你在这时还不知停歇、收敛，那就只有一个后果——与上面的乾卦发生剧烈的冲突，并最终导致一场鱼死网破的浩劫。

汉武帝过世后，他最年幼的儿子刘弗陵即位为汉昭帝。由于刘弗陵冲龄登基，故而汉武帝特别指派了几个亲信之人为辅政大臣，帮助皇帝处理政务，其中有个叫霍光的，就是霍去病同父异母的弟弟。霍去病在得势后，被其母亲告知了自己的身世，他便在一次出征途中专程去生父家拜谒。其父羞愧难当，霍去病则说生育之恩不可不报，故不仅为其父购置了田产，还把异母弟霍光带回了朝廷。

霍光这个人的性格不同于兄长，他处事谨慎，故而获得了汉武帝的信任。当时，汉武帝授予了他光禄大夫等重职，甚至还特意送了一幅周公负成王朝诸侯图给他，勉励他要向周公辅佐成王一样恪尽职守地辅佐幼帝。刘弗陵在其登基后的第十三年驾崩，身后无子，所以需要重新在皇族中物色新帝来承续大统。霍光看来看去，觉得当时的昌邑王刘贺比较好驾驭，就提议立其为

帝。可这个昌邑王从封地出发进京登基的时候，不仅带了大量的随员，而且即位后也并不像霍光想的那样对权力完全没有兴趣，所以，他最终只做了27天的皇帝，就被霍光以“荒淫无度”“不保社稷”等罪名废去，回到故地巨野继续做昌邑王，后又在元康三年被废为海昏侯。只是刘贺带来的两百余名随员就没那么幸运了，他们被集体处斩。这些人在临刑前不哭不闹，齐声高歌：“当断不断，反受其乱！”之后慷慨赴死。这就是“龙战于野，其血玄黄”，至于谁在里面扮演“乾”、谁在里面扮演“坤”，又有谁能够说得清楚呢？

一、汉朝对匈奴的终极之战

这个时候，位极人臣的卫青也迎来了他传奇的一生中的终极之战，这就是历史上著名的“漠北之战”。元狩四年春，汉武帝令大将军卫青、骠骑将军霍去病各领铁甲骑兵五万，外加步兵与辎重运输兵，合计几十万人出击匈奴，打算给匈奴以致命一击。这次战役的人事安排很有意思：凡是当打的、能打的，都被分配在霍去病麾下，而卫青手下的则都是些重臣贵戚——打酱油的。其中，六十岁高龄的李广为前将军，太仆公孙贺为左将军，主爵赵食其为右将军。后将军是谁呢？就是卫青的继子、平阳公主与其前夫所生的曹襄。这不像一支去打仗的军队，而像一支亲友助威团。

武帝之所以对此次战役如此部署，为的就是让霍去病与单于正面交锋，以便使其再建功勋。但他们临时得到消息，说单于往东边去了，于是，霍去病便与卫青互换了位置，改道从东边的代郡出发，而卫青则从西边的定襄出发。与我们在乾卦的“九三”一章里所讲的一样，卫青遵照汉武帝的授意，派李广率部和赵食其一起，沿右路策应大部队，自己则率领中军突前。但出乎意料的是，卫青在亲率中路部队到达漠北之后，却迎面遇到了单于的主力部队。

久经沙场的卫青处变不惊，临阵指挥得当。他首先命令武刚车首尾衔接，自环为营（所谓“武刚车”，就是行军时可以装载军械、扎营时可以充当堡垒的一种战车），这样就建立了稳固的防守，以便抢占决胜先机。同时，他又果断派出五千骑兵迎击匈奴。据史料记载，这时恰逢沙尘暴，大风骤起，沙砾击面，天昏地暗，两军互不相见。卫青根据这个突发的战场形势，进一步做出了应变部署——兵分左右两路，从侧翼包围单于。单于不明就里，眼见汉军越战越勇，且人数不辨，担心这么战下去于已不利，所以战至黄昏，就在数百名精兵的掩护下，放弃大部队，狼狈地突围而去。而且，据史料记载，单于是乘着一驾由六匹骡子拉的车逃跑的。单于为什么乘骡车逃跑？我想，这可能是因为当时的形势的确已经非常紧迫，所以单于不得不伪装成伙夫一类的非战斗人员混出包围圈。

卫青的这一仗打得非常漂亮，打得单于在好几个月内都处于一种与匈奴部族失联的状态。匈奴部族一时群龙无首，右谷蠡王便干脆即位自立，直至单于归来，慢慢聚集残部，恢复统领之权，“右王乃去单于之号”。

然而，由霍去病指挥的另一路汉军的战绩则更加辉煌。他们不但几乎歼灭了匈奴左贤王的全体部众，“得胡首虏凡七万余级”，而且，霍去病还在狼居胥山祭天，在姑衍山祭地，居高临下地俯瞰大漠，更是彰显了大汉天威。

据《史记》记载，这一仗之后，“匈奴远遁，自此漠南无王庭”。于是，汉武帝终于可以得意地派使节给单于下战书了：“今单于能前与汉战，天子自将兵待边；单于即不能，即南面而臣于汉。何徒远走，亡匿于幕北寒苦无水草之地，毋为也。”这是何等意气风发。汉武帝一定在想，当年高祖皇帝刘邦的白登山之辱，终于在自己的手上洗雪了，而自己在马邑御驾亲征却无功而返的无尽懊丧，也终于获得了尽情宣泄。威胁汉王朝近百年的匈奴终于在卫、霍大军的持续打击下走向了衰落，再也无力南下袭扰汉境，并最终消失在了历史的长河中。

那么，这一场决定性的战役打下来，卫、霍二人回朝之后的封赏情况是怎样的呢？骠骑将军霍去病当然继续高歌猛进，不但自己加封五千八百户，而且手下的诸位裨将也都加官晋爵——这势头与卫青当年收复河套后的情况是何其相似。李广的儿子李敢就是在这次战役中被封为关内侯的。（汉朝沿袭秦制，以军功的大小为据，将爵位分为二十等，最高的为“彻侯”，后因汉武帝刘彻的名讳而改称“列侯”。刘邦曾与群臣刑白马盟誓：非刘姓者不得封王，非大功者不得封侯。故汉朝将“王”与“列侯”均视为

“封爵”，列侯之下的十九种爵位则被称为“赐爵”。仅次于“列侯”的“关内侯”是赐爵中的最高等级，为二十等级中的第十九级，有其号，无国邑，一般被用来奖励立有军功的将帅。）而卫青却什么封赏也没有——不但自己没有，其手下的部将也都没有。而且，由于大战后马匹的损失非常严重（从战前的十四万匹骤降为战后的不足三万匹），所以朝廷增设了大司马之职。大司马即太尉，为掌管军政和军赋的最高官职，相当于全国最高军事长官。武帝既然将霍去病和卫青都任命为大司马，那么，霍去病的秩禄和大将军卫青的就完全一样了。这一手，我们在现今单位里也经常可以看到，比如老板想对负责全面经营的营销总监进行夺权，但人家劳苦功高，又没犯什么错误，总不好硬夺吧？于是，老板就可以另外搭建一个类似于“经营委员会”的机构，并要求所有的营销活动必须在这个委员会的指导下开展，这就意味着虽给营销总监留了面子，但实际上已经剥夺了其主要权力。汉武帝玩这一手已经不是第一回了，之前，他通过建立内朝议政之制来分割丞相的权力，就是一例。而经其一番措意，卫青的权威日渐衰减，霍去病的声势却蒸蒸日上，以至一时无两。与此同时，卫青的很多部下也都改换门庭，转投于霍去病麾下博取功名。由此可见，汉武帝利用霍去病来制衡、压制卫青的意图已经相当明显，因为现在的卫青已经有了一个明确的身份——外戚。外戚容易做出什么出格的事，大家都明白，更何况卫青文武双全、战功彪炳、掌握兵权且手下人才济济。所以，汉武帝所做的任何事情都有一个清晰可循的逻辑，那就是防止一家独大。

但问题是，霍去病不也是外戚吗？难道就不用提防吗？其实卫、霍二人的实际情况尚有差异。卫青经过这十几年在朝廷的经营，已经树大根深，就算他本人再小心谨慎，其身上也仍然被动地缠缚着千丝万缕的利益关系，特别是他和平阳公主的政治联姻，更是进一步加深了这种关系——汉武帝知道自己的姐姐可不是一个在政治上完全没有想法的人。反观霍去病，他的用人方式完全是另一种风格：其得力的手下不是能骑善射的低级军官，就是匈奴降将。这些将士的眼中只有战场。而且，霍去病在朝中并无任何势力，与内宫更无一丝瓜葛。也就是说，霍去病是一个孤立的个体，即便地位再高，也是皇帝的恩赐，故而他也就不会构成什么特别的政治威胁。

二、霍去病之死

但是，接下来发生的一件事情改变了汉武帝对自己这个判断的正确性的自信。李广的儿子李敢因在随霍去病征战漠北时夺得了左贤王的旗鼓且斩敌亦多，故在回朝后被封为关内侯。在李广自杀后，他又接管了李广的职位，做了郎中令，负责宫廷的守卫工作。可能是因为觉得作为领导的卫青对父亲的死负有不可推卸的责任，所以李敢便专门去找卫青理论，并出手将卫青打伤。以下犯上，这是非常严重的事情，但卫青出于其一贯的“直、方、大”处事原则与“多一事不如少一事”的自保意识，还是把这件事给压了下来。

但是没过多久，元狩五年，汉武帝在甘泉宫组织了一次狩猎活动（那个时候的狩猎，其实是含有军事演习的成分的，目的是让高官贵戚们提高骑射技能、熟悉布阵方略等）。在此次狩猎中，骠骑将军霍去病不知怎么听说了舅舅卫青被李敢打伤的消息，不禁怒火中烧，竟然亲手把李敢射杀了。据《史记》记载，由于霍去病当时圣眷正隆，所以汉武帝便对外宣称李敢是打猎时不幸被鹿角抵杀的。

对于这件事，司马迁虽只是轻描淡写地一笔带过，但从组织角度来看，此事的性质其实是非常恶劣的。李敢再怎么不对，自有朝廷发落，想想卫青当初对苏建是怎么处理的？或者，你霍去病私下和李敢进行一场男人和男人的对决，也不构成什么政治问题。但你在皇帝组织的活动中、在皇帝的眼皮底下射杀了参与活动的政府要员，此事的性质可就不一样了。要知道，李敢当时担任的可是郎中令这一要职，位列九卿，所以霍去病此举不能不说是对皇帝权威的藐视。

这样一来，我们可以推测一下汉武帝当时的心情。他本来以为在自己制衡的政治手腕下，卫、霍二人之间的裂隙一定已经悄然形成，却不曾料到霍去病会为了给他的舅舅出气，竟甘冒犯上之罪射死李敢。汉武帝认识到，自己通过制造卫青和霍去病之间的矛盾以使二人相互牵制的目的可能已经落空了，霍去病对卫青以血缘为纽带的感情远远超过了他对法度的畏惧，只要有人冒犯了卫青，他就必定要置对方于死地，哪怕这个人是曾经和他一起出生入死的李敢。如此看来，这两个掌握了汉朝兵权的将领一旦联起手来，那么他们对汉家天下的威胁要远远超过匈奴——虽然从卫青一贯的表现来看，他应该不敢有这样的想法，或者根本就不曾有这样的想法，但谁又能保证这个年轻气盛、个性张扬的霍去病不敢、不想呢？这件事对汉武帝来说是一个沉重的打击：这个让他寄予厚望、破格提拔、一心想用来制衡卫青的霍去病居然并不怎么可控。大家设身处地地想想，汉武帝会是怎样无助？现在大家应该明白了，为何皇帝喜欢自称“寡人”？因为他的确没有什么人可以信赖，满朝文武随时可能变成敌人，而即便是至亲的兄弟，也可能在一夜之间反目成仇，所以他只能凭恃着强大的内心，独自坐在高高的殿堂之上，异常敏感、小心翼翼地维护着自己那看似万民拥戴实则危机四伏的地位。

而这也让我不禁去怀疑霍去病的死因：为什么霍去病在此事发生后的第二年就突然死了？ 23岁暴亡，这明显属于不正常死亡，但司马迁在《史记》中却没有明确地记载其死因——就算是病死的，也可以写“病卒”啊。我想，这恐怕是由于霍去病的死因是无法明写的，所以太史公秉承着尊重史实的原则，索性避而不谈。

一个可以证明霍去病死因蹊跷的更有力的证据是，就在霍去病去世的这一年，他还做了这么一件事——给汉武帝上了一道奏折。奏折原文如下：“陛下过听，使臣去病待罪行间。宜专边塞之思虑，暴骸中野无以报，乃敢惟他议以干用事者，诚见陛下忧劳天下，哀怜百姓以自忘，亏膳贬乐，损郎员。皇子赖天，能胜衣趋拜，至今无号位师傅官。陛下恭让不恤，群臣私望，不敢越职而言。臣窃不胜犬马心，昧死愿陛下诏有司，因盛夏吉时定皇子位。唯陛下幸察。臣去病昧死再拜以闻皇帝陛下。”这个折子的核心内容就是请武帝封皇子刘闳、刘旦、刘胥三人为诸侯王，然后令他们各自就国。表面上看，霍去病好像是在为这三个皇子考虑，想让他们早日获得名号，但实际上，他却意在将他们驱离权力中心，以便进一步维护刘据——他的表弟的太子地位。虽然这道折子看似完全符合形制，各种该用的敬语也都有，但字里行间却透露出一种不依不饶的态度。其实，霍去病之前已经向武帝提过这项建议，但汉武帝当时没有理会，相当于表明了态度，只是为了顾全他的面子，没有直接驳回而已。然而霍去病依旧死咬不放，甚至还自作主张地指定了“盛夏吉时”的时间，对武帝而言，这不是逼宫又是什么？

立嗣问题自始至终都是皇权社会中为人臣子最忌讳的问题，因为这直接关系着人臣把控、干涉朝政的不轨意图。汉末的杨修对曹操各种胡搅蛮缠、卖弄智商，曹操都能哈哈一笑、坦然处之，唯独在得知杨修在背后为曹植的立储事宜出谋划策后才忍无可忍，以“鸡肋”为口实将其杀掉。北宋名臣包拯也曾经建议宋仁宗立太子，宋仁宗冷冷地问了他一句：“你想选谁呢？”包拯听了，吓得赶紧表白：“老臣年已七旬，又无子嗣，还图什么呢？只是在为大宋千秋万代的社稷考虑啊。”宋仁宗这才露出笑脸：“这事还是从长计议吧。”

所以在这个时候，汉武帝想必对自己之前以提拔霍去病来打压卫青的策略进行了深刻的反思，并惊出了一身的冷汗：卫、霍毕竟还是一家人啊。此时的卫氏集团已经成为一个庞大的利益集团，虽然卫青本人一直表现得非常隐忍，但他的妻子平阳公主可并非等闲之辈——这是汉武帝要思考的核心问题。如果这个看似政治头脑简单的霍去病打心眼里还是认为血缘关系高于组织关系的话，那么这个不喜欢按常理出牌而只喜欢以实际形势为个人行为依据的人一旦失控，后果恐怕更加严重。分析至此，大家不妨设身处地地考虑一下，如果你是汉武帝的话，你会怎么做?

这就是所谓的“龙战于野，其血玄黄”。由于坤卦若再继续往上发展就会触犯乾卦的利益，所以乾坤之间必有一战。而这一战无论最终胜负如何，后果都是惨重的。

有一件事就完全可以证明当时的那种火药味已经相当浓重了。那时，卫皇后已年老色衰，汉武帝也早有新欢，子嗣亦蕃，所以皇后和太子都担心当前的地位难以长保。汉武帝听闻后，专门把卫青叫了过来，语重心长地对他说：“汉家庶事草创，加四夷侵陵中国，朕不变更制度，后世无法；不出师征伐，天下不安；为此者不得不劳民。若后世又如朕所为，是袭亡秦之迹也。太子敦重好静，必能安天下，不使朕忧。欲求守文之主，安有贤于太子者乎！闻皇后与太子有不安之意，岂有之邪？可以意晓之。”这一番话听来真可谓是言恳意切，充满了家国情怀和儿女情长，听得我都感动了。

但问题是，卫皇后与太子，一个是其正妻，一个是其嫡子，武帝有什么事情不能当面与他们沟通清楚，却大费周折地让卫青来传话呢？这只能说明汉武帝其实就是想把这些话说给卫青听的。那么他的目的又是什么呢？其实，汉武帝担心的既不是皇后有没有想法，也不是太子有没有想法，而是这位虽看上去循规蹈矩、恭谨谦退，但就是越看越让人脊梁骨上冒凉气的外戚有没有想法。所以，现在要做的不是尊霍抑卫，而是破除这对舅甥组合。如果要破除这对组合，则势必要除掉其中一人，但如果除掉卫青的话，霍去病会怎么做？那么，看来只有……

三、汉武帝的“龙战于野”

一旦汉武帝觉得自己乃至刘氏政权受到了威胁，那么他对汉室江山的捍卫可是无所不用其极的。汉武帝在执政后期略显昏庸，错用了小人江充。江充利用“巫蛊之祸”，构陷当时的太子刘据。刘据被迫起兵举事以求自保，最终兵败身死，卫皇后也不得不自杀身亡。所以，汉武帝在其晚年又得重新物色太子。他在一众儿子中看来看去，觉得还是钩弋夫人的儿子刘弗陵比较入眼，就有心立他为太子。只是因为刘弗陵才四五岁，实在太小，所以一直比较犹豫。

隔了一段时间，某一天，汉武帝突然莫名其妙地找了一个由头训斥钩弋夫人，钩弋夫人脱下配饰请罪，但汉武帝还是不依不饶，命令手下将其送到内宫的监狱中去。钩弋夫人回头向汉武帝再三求饶，汉武帝却绝情地说：“快去，我看你还是不要再活了。”随即赐死。

汉武帝为什么要处死钩弋夫人，让年幼的刘弗陵失去母爱？后来，汉武帝自己道出了原委。一天，他闲来无事就问左右：“外边对于我处死钩弋夫人的事有何议论？”左右人回答：“听他们说，既然立了儿子，何必杀了母亲呢？”汉武帝说：“这不是凡夫俗子所能理解的。之前，国家为什么乱？就是因为皇帝太小，而后宫独居骄蹇、淫乱自恣，难以控制。吕后之事，就殷鉴不远。所以朕将钩弋夫人除掉，也是为了社稷江山的安定稳固啊！”由此可见，为了汉室江山永固，汉武帝是可以使出一切手段的——连自己的爱妃都能毫不犹豫地杀掉，还有谁是不能杀的？

但这只是汉武帝能说给大家听的理由。其实，除了对前朝吕氏乱政的警惕外，其缄口不谈的则是自己幼时对外戚专权的切身感受。汉武帝16岁登基，已有了辨别能力，所以他对于权力被劫持的无奈深有体会。建元元年，汉朝立国已六十多年，天下太平无事，朝野上下都希望天子举行封禅大典并更定新的制度，而皇上本人也偏爱儒家学术，着意招纳有才之士，赵绾、王臧等人就是因才高学博而位至公卿的。他们想效法古代礼制，在城南建立明堂，作为诸侯朝见天子的地方，并有进一步改革巡狩、封禅、历法、服色之制的打算。但当朝的窦太后喜好黄老之学而厌恶儒家学术，便派人暗中伺察赵绾等人非法牟利的事迹。当她听说赵绾等人竟然向武帝建议“毋奏事太皇太后”时，权欲极强的窦太后感到自己在朝政上被架空了，她勃然大怒，立刻派人召赵绾、王臧进宫并迫使二人自杀，之后又废除了各类改革事项，以此来给羽翼渐丰的汉武帝一个明确的警告。

汉武帝不是还有一个叫田蚡的丞相舅舅吗？这个田蚡能言善辩，每次上朝奏事，一讲就是一天；其举荐人，也动不动就将无名小卒越级擢至两千石的级别（这相当于九卿或地方太守的秩级）。汉武帝实在忍不住了，就揶揄道：“舅舅，你的人到底安排完没有啊？我自己这里也得安排个把人吧？”

有一次，田蚡看上了考工的办公场地，想用之来扩建自家的府第。（“考工”掌造兵器弓弩刀铠，兼主织绶诸杂工）汉武帝听后，怒道：“你为什么不直接用武器库呢！”

先朝的前车之鉴与自己的切身体会使汉武帝心里明白，如果对下属特别是外戚的权力不加约束，就必定会使政权的稳固性受到极大的威胁。所以，在汉武帝看来，无论是谁，只要他明显地暴露出这种不轨意图，那么自己就只有一个选择——龙战于野！

根据这个逻辑，我们就可以弄清一件事了。当时，有个游侠叫郭解，很负盛名。很多人有了矛盾和纠纷，不找官府解决，而是找郭解调解，而且郭解的确也能用自己的手段将这些事情摆平。最后，甚至连都城中的富户也延请他去调解纠纷，故可谓名噪一时。

汉武帝听从了主父偃的主张，颁布了著名的《迁茂陵令》。茂陵就是汉武帝为自己修建的陵寝。西汉时期，朝廷会下令在帝王陵寝周遭专门设立城邑，以起到拱卫职能，所以，依据《迁茂陵令》中的规定，凡家产在300万钱以上的豪门富室，一律迁徙到京城附近的茂陵。《迁茂陵令》刚颁布时，曾出现过举国富豪合力抵制的情况。许多富户豪门按兵不动，静观其变，而颇负盛名的大侠郭解却铤而走险，走起了“上层路线”——请卫青帮忙说情，说自己的财产尚未达到此项标准，不应在迁移之列。但汉武帝在听闻此事后当即表态：“一介布衣竟然能请动当朝的大将军为他说情，你说他穷还是不穷？”这说明汉武帝意识到了当朝权贵与地方势力勾结的危险，对于这样的事情，他一贯持零容忍的态度，况且，郭解还总喜欢越俎代庖，代替国家机构行使调解之权，这不是影响了国家机构的公信力吗？不难想见，郭解离死已经不远了。

不久之后，郭解的一个门客杀了人，负责审理此案的官员上奏，为郭解脱罪。但御史大夫公孙弘却洞察了汉武帝的心思，便代为喉舌，说：“解布衣为任侠行权，以睚眦杀人，解弗知，此罪甚于解知杀之。当大逆无道。”也就是说，郭解不过是一介草民，却干预地方政务，纵容手下人随意行凶杀人，即便他对此案并不知情，也还是罪行深重，较之知情，有过之而无不及。此等行为，不是大逆不道又是什么？公孙弘对郭解之罪的议定，当然是正中汉武帝下怀，于是，极负盛名的一代大侠惨遭灭族之灾。

让我们再来看看坤卦中的解释。相较于乾卦“元，亨，利，贞”的简短，坤卦讲得很复杂：“元，亨，利牝马之贞。君子有攸往，先迷；后得主，利。西南得朋，东北丧朋。安贞吉。”这就加了很多条件，说明君子虽然要有所作为，但必须要注意身份，太过一马当先了，就容易迷失方向，适当退后点儿，反而或许能得到高人的指引。所以，一个人若始终明确自己的位置，退居于坤的“从位”，就得道多助；而如果冒进到乾的“主位”，就失道寡助。人们若能遵照这样的卦象来行事，则万事大吉啊！

卫青生活在那样一个波谲云诡的年代，有很多东西是他不能掌控的，然而，卫青不屈服于命运，善于把握机会，积极主动地建功立业；同时，他又能参透坤卦的精髓，克己奉礼，在西汉王朝那残酷的政治舞台上，始终立于不败之地，不可不谓百世难得的典范，值得我们后人好好地研究和借鉴。

我们反复强调，要结合着乾卦来研究坤卦。乾卦的“用九”中写得明明白白：“见群龙无首，吉。”意谓当各方势力互相制衡而形成一种均势的时候，对“乾”的角色来讲，这就是大吉大利的景象。相反，如果某一股势力异军突起、独占鳌头，则势必会影响上方的“乾”的运作，那么处于“乾”位者就可能会动用一切手段进行制衡。所以，除非“乾”者已久居“上九”并日渐昏庸到不可救药的地步，同时自己的能力和各方面的优势也已经发展到了能对上面的“乾”取而代之的程度，否则，“坤”依旧需要得到“乾”的认可、支持，并在协助“乾”完成伟大事业的前提下，实现自己修身、齐家、治国的君子理想。

最后，笔者送各位有志者两句话，这两句话是清华大学的校训，也是《易经》中对乾卦和坤卦的总结：“天行健，君子以自强不息；地势坤，君子以厚德载物。”怎么解释呢？就是说我们作为一个立于天地之间、想要有一番作为的人，就要师法自然。首先，我们要向上天学。上天变幻莫测、运行不息，上午还阳光万里，下午说不定就雷雨交加。所以君子应该向上天学习，根据不同的情况、不同的环境，采取不同的策略。其次，我们还要向大地学。大地如此宽广、如此厚重，也正是因为这宽广与厚重，它才能承载万物。所以，有志向的君子也应该向大地学习，学习大地的仁厚之心与宽广胸怀，而只有具备了博大的胸怀，我们才能修身、齐家、治国、平天下，肩负起中华民族伟大复兴的神圣使命！